本书受资助项目：

吉林大学人文基础项目"马克思正义观念研究"，项目编号：2014ZZ015。

同时由吉林大学马克思主义学院"重点马克思主义学院建设经费"资助出版

| 光明社科文库 |

进步观念
——从认知概念到伦理理念

王　成◎著

光明日报出版社

图书在版编目（CIP）数据

进步观念：从认知概念到伦理理念 / 王成著 . --
北京：光明日报出版社，2019.6
（光明社科文库）
ISBN 978 - 7 - 5194 - 5035 - 9

Ⅰ . ①进… Ⅱ . ①王… Ⅲ . ①马克思主义哲学—研究
Ⅳ . ①B0 - 0

中国版本图书馆 CIP 数据核字（2019）第 114046 号

进步观念——从认知概念到伦理理念
JINBU GUANNIAN——CONG RENZHI GAINIAN DAO LUNLI LINIAN

著　　者：王　成	
责任编辑：郭思齐	责任校对：赵鸣鸣
封面设计：中联学林	责任印制：曹　净

出版发行：光明日报出版社
地　　址：北京市西城区永安路 106 号，100050
电　　话：010 - 63131930（邮购）
传　　真：010 - 67078227，67078255
网　　址：http：//book. gmw. cn
E - mail：guosiqi@ gmw. cn
法律顾问：北京德恒律师事务所龚柳方律师

印　　刷：三河市华东印刷有限公司
装　　订：三河市华东印刷有限公司

本书如有破损、缺页、装订错误，请与本社联系调换，电话：010 - 67019571

开　　本：170mm×240mm			
字　　数：174 千字		印　　张：15.5	
版　　次：2019 年 9 月第 1 版		印　　次：2019 年 9 月第 1 次印刷	
书　　号：ISBN 978 - 7 - 5194 - 5035 - 9			

定　　价：85.00 元

内容提要

　　进步观念作为影响人类生存和发展的大观念，自其在近代产生以来就面临着很大的争议，这种争议到了 20 世纪逐渐呈现出一边倒的趋势，即很多思想家从不同角度对进步观念提出批判，力图消解这一观念。不过也有一些思想家指出，在人类的生存实践中，一种进步的信念是不可或缺的。这种情况使我们在进步观念上面临一种困境，理论上的批判和实践中的坚持。本书通过区分进步观念的两种解释原则，即认知概念的解释原则和伦理理念的解释原则，力图论证我们在理论上批判的是作为认知概念的进步，而实践中坚持的则是作为伦理理念的进步，由于解释原则的差异，它们的性质是不同的。马克思作为进步观念史上重要的思想家，对进步观念实现了变革性的理解。这主要在于他提出了实践观点的思维方式。如果说形而上学思维方式是认知概念解释原则的深层根源，实践观点思维方式则是伦理理念解释原则的内在根据。马克思对进步观念的变革性理解，不但对进步观念本身进行了卓有成效的辩护，而且使进步观念作为一种不在场的在场，激励着人不断地在批判旧世界中发现新世界，推动着人的自由和解放的实现。

摘　要

　　本书的主要论题是通过对进步观念的解释原则进行区分和划界，用一种伦理理念而非认知概念的解释原则来重新理解进步观念，使其作为一种反思性的理念不但可以为自身存在的合法性辩护，又能在当代人的生存境遇中发挥积极的影响，拓展人生存的可能性空间。

　　本书试图回答我们在进步观念上面临的一个理论难题，即理论上我们批判进步观念，而实践中又坚持一种进步的信念。我们认为进步观念有两种解释原则，一种是认知概念的解释原则，另一种是伦理理念的解释原则。由于解释原则的不同，进步观念有两种性质的理解，一种是作为认知概念的进步，一种则是作为伦理理念的进步。前者要为我们提供一种关于历史整体运演的客观性法则，后者则仅为我们理解历史整体提供一个具有调节性的理念。传统思想家受形而上学思维方式的束缚，不得不依据认知概念的解释原则来理解进步，因而进步观念的发展史，就是从一种伦理理念不断向认知概念转换的过程，也是不断丧失其批判精神而逐渐沦为僵化教条的过程。现当代思想家批判的不是某个思想家所理解的进步观念，而是那种作为认知概念来理解的进步观念，不过他们没有意识到还有另外一种性质的进步观念，因而其完全否定进步观念的态度是值得商榷的。我们认同现当代思想家对作为认知概念的进步的批判，但与他们不同的是，我们认为一种作为伦理理念来理解的进步，是人类生存实践无法拒斥的，它提供一种具有伦理价值的超越精神，不断促使我们去想象和创造。通过这种区分，我们可以解决在进步观念上所面临的难题，即我们在理论上批判的是作为认识概念的进步，而在实践中坚持的则是一种进步的理念。

马克思作为进步观念史上重要的思想家，是我们考察进步观念时所无法忽略的。他立足于人的实践，提出了实践观点的思维方式。如果说形而上学思维方式是认知概念解释原则的深层理论根源，那么实践观点思维方式的提出，则为马克思实现进步观念解释原则的转换奠定了坚实的理论基础，使他可以从一种伦理理念的解释原则去理解进步观念。马克思对进步观念的变革性理解，不但为进步观念本身进行了辩护，而且对人的生存实践具有重大的影响，使我们保存一份信心和希望，不断地推动人自由和发展的进程。

围绕上述主题，本书分为相互关联的六部分。

第一章：主要是分析进步观念如何成为近代人"永恒主题"，同时指出它现在面临的困境，即理论上被批判，而实践中被坚持。我们还要简单分析国内外对进步观念研究的理论成果及其存在的理论盲点，为本书重新考察进步观念提出一种理论必要性。最后是简述一下本书的基本思路和章节安排。

第二章：现当代思想对传统进步观念的批判。我们主要选取四个角度来分析现当代思想家对进步观念的批判，分别是对其作为宏大叙事的批判、对其蕴含线性时间的批判、对其作为客观规律的批判和对其沦为意识形态的批判。其中第一个方面的批判是最为根本，也是最为深刻的，因为它是对传统进步观念蕴含的形而上学思维方式进行的批判，正是由于贯彻了形而上学的思维方式，才使得我们一直把进步观念当作一种知性概念来看待。现当代思想对进步观念的批判，迫使我们必须转换理解的思路。

第三章：两种不同解释原则和进步观念。本章主要是论证和分析进步观念的两种解释原则，以及何种解释原则下的进步观念才具有存在的合法性。我们认为进步观念有两种不同解释原则，一种是认知概念的解释原则；另一种是伦理理念的解释原则。由于解释原则不同，我们就有两种性质不同的进步观念。作为认识概念的进步具有形而上学性、规定性和唯实论的特征；而进步作为一种伦理理念来理解则具有形上性、反思性和唯名论的色彩。由于进步观念与目的论的关系，历史整体的不可直观性及社会因素的异质性，迫使我们只能把进步理解为理性反思到的理念。也就是说，进步观念只有用伦理理念的解释原则来理解才具有自身存在的合法性。

第四章：对进步观念两种态度的再审视。首先是通过追溯进步观念确立的前提和过程，来论证传统进步观念是作为认知概念来理解的，因此传统理论肯定的也主要是这种性质的进步观念。其次是反思现当代思想家对进步观念的否定态度。现当代思想家的批判切中了传统进步观念深层的矛盾性，这是必须要承认的，但是，他们忽略了另一种性质的进步观念。因此，他们犯了以偏概全的错误，把对一种性质的进步观念的否定，看成是对进步观念本身的否定。所以，现当代思想家对进步观念的否定态度在某种程度上也是需要否定的。我们认为，只有区分进步观念的两种解释原则和不同性质的进步观念，才能确立对进步观念的正确态度。

第五章：马克思进步观念的变革性。马克思在对形而上学思维方式的批判中提出了实践观点的思维方式。在此基础上，马克思转换了理解进步观念的解释原则，从一种伦理理念的解释原则来理解进步观念。因此，马克思的进步观念不是一种知性概念，而是一种伦理理念。马克思对进步观念理解的变革性，使得这一观念在当代人的生存实践中依然具有重要的价值和意义。

结语：进步观念解释原则的转换。通过转换和区分进步观念解释原则，我们可以重新理解进步。我们最终的理论目标是厘定进步观念解释原则的界限，把进步观念放在适当的解释原则下来理解，以避免因为解释原则的混用而损害进步观念自身的声誉。

目　录
CONTENTS

第一章

导　论

一、作为近代"永恒主题"的进步观念

人类是通过观念、范畴和概念来认识并改造世界的。列宁指出："范畴是区分过程中的梯级，即认识世界的过程中的梯级，是帮助我们认识和掌握自然现象之网的网上纽结。"[①] 艾德勒则认为：观念（ideas），或者说大观念（great ideas）——是"我们在理解我们自己、我们的社会以及我们活在其中的这个世界的基本的、不可或缺的观念"。[②] 因此观念在人的生活中发挥着巨大的作用，我们利用观念来安排世界，解释我们的大部分经验，扩大认识和实践的范围。许多现代思想运动和感情都来自这些真正改变世界的大观念。这些观念作为大观念，并不属于某些特殊的学科领域，而是日常生活中

---

① 列宁. 哲学笔记 ［M］. 北京：人民出版社，1960：78.
② 〔美〕莫提默·J. 艾德勒. 六大观念 ［M］. 陈珠泉，杨建国，译. 北京：团结出版社，1989：1.

1

人们经常使用的观念，它们构成了我们的思想语汇。然而"熟知并非真知"，我们虽然经常用它们，却很少对那些观念本身进行深刻的反思。对那些在人类生活中曾经发挥过和正在发挥着重大作用的观念进行批判性的反思，却是理论思维一个不可推卸的天命。

进步观念——大写首字母 P 的进步（Progress），即关于人类历史整体运演模式的观念——无疑就是这样一个大观念。在艾德勒列举 103 个长期出现在西方思想中的典型观念时，进步观念就是作为一个重要的观念而位居其中的。虽然历史上有些学者力图把进步观念的产生和确立追溯到古希腊时期，并对此进行了论证，但学界普遍还是认同英国学者伯瑞在《进步的观念》一书中所持有的观点，即进步观念是西方近代产生和确立的一种新观念。也就是说，进步观念与古代的循环观念和中世纪的天意观念是有本质区别的，它产生和确立的条件只有到近代才得到充分的满足。哈贝马斯也认为："同'当下'一样，诸如革命、进步、解放、发展、危机以及时代精神等，也都是一些动态的概念；这些概念或是在 18 世纪随着'现代'或'新的时代'等说法一起出现的，或是被注入的新的涵义，而这些语义迄今一直有效。"① 这一段话有两层含义，第一个层面是认为进步、发展等观念都是一些动态和历史的观念，即是现代社会的产物；第二个层面是这些观念"迄今一直有效"，即这些观念对现代社会依然具有重大的影响力。同样，进步观念自产生和确立以来，不但在过去的几个世纪深刻地影响了人类社会生活的各个方面，而且在可预见的未来一段时间也将继续发挥其不可忽视的影响力。

---

① 〔德〕于尔根·哈贝马斯. 现代性的哲学话语 [M]. 曹卫东，译. 上海：译林出版社，2004：8.

其实，古往今来的很多思想家都对人类历史整体的运演模式进行了考察。如果历史的整体运演是有秩序的话，他们认为历史有两种可能性模式，一种是周期性循环的模式，也就是我们所说的历史循环的观念；另一种是单一的或者线性的模式，包括我们所知道的基督教的天意观念和近代的进步观念。因此洛维特才说："看来，古代和基督教这两大思想体系，即循环的运动和末世论（即基督教的天意观——引者注）的实现，似乎穷尽了理解历史的各种原则的可能性。就连阐明历史的各种最新尝试，也不过是这两种原则的各种变体，或者是它们的各种混合罢了。"① 但不管怎么说，在历史上具有重大影响的关于历史整体运演模式的观念，大致可以分为古代的循环观念、中世纪的天意观念和近代以来的进步观念。这并不是说我们在各个时期所遇到的就是一种纯粹的观念模式，只是说循环观念在古代、天意观念在中世纪、进步观念在近代各自占据了主导性的地位。其实这三种观念在很多时候是有内在关联的，很难把它们彻底分割开来。因为即便"古代流行的概念，是典型的循环论，但在古代流行的概念中依然可以看到某些直线性因素；现代观点是典型的直线性观念，但在现代观点中也残留着某些循环论因素"②。

循环观念在西方中世纪以前一直处于支配地位，它认为社会历史的运演是一个封闭的圆圈，历史中的实践和事件总是不断重复自身、周而复始，从终点回归到起点。这是因为希腊人的历史观是附

①　〔德〕卡尔·洛维特. 世界历史和救赎历史〔M〕. 李秋零，田薇，译. 上海：上海人民出版社，2006：47.
②　〔英〕格鲁内尔. 历史哲学——批判的论文〔M〕. 隗仁莲，译. 桂林：广西师范大学出版社，2003：17.

属于自然观的，把历史的运演类比为自然的运演。自然界昼夜交替，四季循环往复，人类历史也被看作按照循环往复的模式而运演。循环观念的重要性就在于它是关于人类历史整体运演模式的第一种理论，并影响了后来的天意观念和进步观念。

天意观念是基督教解释历史的一种理论，它设定历史的运演是一个单一和不断前进的过程，是人类逐步趋向救赎的过程，而这一过程又是由天意支配的。不过需要指出的是基督教的天意观所解释的历史是一种神性的历史，而不是世俗的人类历史。因为在它们看来，只有受天意支配的神性历史才有意义和价值，世俗的人类历史是不存在任何价值和意义的。

这里涉及的进步观念也是关于人类历史整体运演的一种理论，它一个最为核心的思想是人类历史是朝着一个理想的方向不断前进的（虽然不同的人对前进的历程认识不同，或认为是线性的，或认为是曲折的），并认为历史的这一进步将是永无止境的，除非发生宇宙灾难导致人类灭亡。进步观念所蕴含的这一思想很契合文艺复兴以来所张扬的人本主义和理性主义，也很符合近代资产阶级的利益，因此它很快就成了近代关于人类历史整体运演的一个基本的解释原则。进步观念的产生和确立，不但帮助人们走出古代循环观念和中世纪天意观念的束缚，摆脱了诸神和上帝的支配，而且使人们认识到历史不过是人实践活动的产物，人是历史的主人，从而在历史的认识上实现了"哥白尼式的转换"。在中世纪，人们所设想的至福之地——上帝之城是由上帝来主导并创造的，在那里充满着光明与幸福，但它处于世俗世界的彼岸；现实中人类所居住的地上之城则充满着苦难和不幸。上帝之城和地上之城是完全隔绝的，只有上帝才能让人从地上之城进入上帝之城，而人自身对此则无能为力。近代人在理性与知识的保护下，在进步观念的影响下，认为无需上帝，自己就可以通过努力把苦难的地上之城打造为至福的上帝之城。也就是说，进步观念的确立使得人们坚信地上之城与上帝之城的最终和解，而促使它们和解的则是历史进步的法则和人类自身的努力，我们所需要的仅仅是时间。

如果说进步观念起初还是一种乐观主义的梦想，那么随着启蒙运动的进展和实证主义的出现，进步观念则逐渐从一种伦理设定变成了人类历史运演的客观规律。启蒙运动中的思想家不但坚信和倡导进步观念，更希望通过对历史的考察来论证它的客观性和必然性。虽然这种考察更多的时候不是一种经验的考察而更像一种思辨的演绎，但进步观念毕竟从原来仅仅局限于知识领域扩张为整个社会历史的演变原则，从而成为一种社会历史观念。所以，到了 19 世纪，"通过圣西门、孔德等人的努力，启蒙运动的理性主义进步观在某种程度上得到复苏，他们一方面继续发挥了理性进步论的思想，另一方面着重弘扬了科学理性精神，企图在一切领域都用精确的科学方法解释规律性，在'拒斥形而上学'与追求实证的旗帜下，从万有引力引伸出'万有引力哲学'，从生物进化论引伸出社会进化论。这个阶段把进步观念建立在科学理性基础之上，并把进步确立为一种规律。"①

当进步观念被看作客观规律来寻找和认知时，进步也就被认为是人类历史的一个永恒主题。近代人正是在这一人类永恒的主题之

---

① 李勇．论进步观念在法国的发展 ［J］．法国研究，1998（01）：152.

下，根据自己的理性规划，在现实中通过实践活动不断地推动历史演变，力图为人类历史的进步做出自己的贡献。近代社会，特别是资本主义社会，不管存在多少弊端，但它确实在进步观念的指引下使人类的生存环境有了巨大的改变。这一点马克思在《共产党宣言》中作了精彩的论述，他说："资产阶级在它的不到一百年的阶级统治中所创造的生产力，比过去一切世代创造的全部生产力还要多，还要大。自然力的征服，机器的采用，化学在工业和农业中的应用，轮船的行驶，铁路的通行，电报的使用，整个大陆的开垦，河川的通航，仿佛用法术从地下唤出来的大量人口——过去哪一个世纪料想到在社会劳动里蕴藏有这样的生产力呢？"① 当然，我们不是说近代确立的进步观念没有消极意义，只是说它的产生和确立毕竟对人类的思维方式和生存方式产生了不容忽视的影响，而且这种影响将会在很长的时期内持续存在。

　　其实从进步观念产生和确立的那一天起，人们对它就有两种截然不同的态度，即肯定和否定。当然这也是任何一种观念和理论都会面临的情况。但是，只有当事物发展到一定程度，事物自身的特性充分显现出来以后，我们对事物的批判和反思才是最深刻和最全面的，对于进步观念同样也是如此。进步观念是近代产生和确立的，到 18 世纪晚期和 19 世纪早期达到顶峰后，就逐渐开始在各种质疑中衰落下来，而针对进步观念的理论反思也只是在 19 世纪晚期和 20 世纪才大量出现，此时它早已经没有了神圣的光环。20 世纪以来，伴随着西方各种思潮的兴起，进步观念在理论上受到了前所未有的

---

① 马克思，恩格斯. 马克思恩格斯选集：1 卷［M］. 北京：人民出版社，1995：277.

挑战，两次世界大战及现实中人类面临的各种危机更是从实践上对进步观念的客观性和必然性进行了致命的反驳。继续坚持或者完全抛弃进步观念，成了摆在当代人面前的一个艰难选择。但无论如何，进步观念在近代人心目中无疑是一个值得追求的"永恒的主题"，只是这一主题在现当代遇到了自身难以回避的问题，而这正是吸引我们积极探索和考察的地方。

二、现当代进步观念面临的"二难选择"

进步观念在现当代成了人们的一个难题，这主要表现在进步观念在两个不同领域——理论领域和实践领域——所面临的不同情况。一方面，现当代思想家对传统进步观念的理论反思，揭示了进步观念自身存在的弊端和缺陷给人们的历史思维和实践带来极大的消极影响。因此，他们提出必须要对传统进步观念进行深刻的批判和反思，为了彻底消除传统进步观念所具有的负面作用，很多思想家甚至主张彻底抛弃进步观念。另一方面，在我们的现实生活中，一种对进步的信念又是不可缺少的，因为"虽然作为一个普遍的观念，进步观念似乎是无效的。然而在特定范围内，人的行动能够创造更为合理的条件，这个信念仍然存在理性的基础。尽管文化悲观主义的强烈洪流给我们时代打下了烙印，各国社会政策的运行仍然是基于以下设定，即：在有限的、界定好的目标内，有计划的进步是可能的。除非导向战争与压迫外，这些进步的目标保留了启蒙运动的古典价值：改善教育、健康、福利与个人尊严。……事实上，20世纪见证了进步观念作为一种有名望的历史理论的衰落，同样也见证了其作为一种公共政策的工作设定而更加牢固地树立起来，比以前的乐观主义世纪更甚"①。也就是说，一方面，在理论上，我们面临现当代思想家提出的批判和反思传统进步观念，甚至消解进步观念的理论任务；而另一方面，在实践中，我们又需要坚持一种进步观念的信念，来促进现实生活的改善。如何处理进步观念的这一难题，是当代人必须要思考的问题。

我们遭遇到很多现实问题，近代人在对历史进步的追求过程中，引发了一系列可怕的灾难，历史并没有像我们所预期的那样，社会中的苦难和不幸非但没有消除，反而有所增加。这使得进步观念似乎是作为一种虚假的神话而存在的，进步观念本身成了一个沉重的话题。在理论上，依据后现代主义的理论视角，进步观念本身就是一个需要解构的对象。在它看来，进步观念是理性中心主义、基础主义和本质主义的一个体现，是对"元叙事"的一种诉求，其本身是受传统形而上学思维方式支配的。因此，现当代哲学家在对传统哲学进行批判的同时，也对贯穿形而上学思维方式的进步观念进行了猛烈的批判和指责。他们一方面通过对传统哲学的批判来消解进步观念的合法性，另一方面也通过对进步观念合法性的消解来批判传统哲学及其内在的形而上学思维方式。也就是说，他们对传统哲学的批判和对进步观念的批判是相互关联的。在福柯看来，提出历史的统一性问题及历史的本质和规律是需要受到批判和质疑的。利奥塔更是回避那些所谓的理性进步和社会进步之类的话题，坚决反

① 〔美〕G. G. 伊格尔斯. 重新审视历史进步观念〔J〕. 张文涛，译. 山东社会科学，2009（02）：20.

对对历史进行一种宏大叙事的考察，他认为这些问题的提出受制于一种总体主义和二元对立的思维，属于传统哲学的遗毒。索雷尔则认为进步观念不过是资产阶级的一种意识形态，是用来为他们的统治和利益辩护的。因此，在现当代思想家对进步观念的批判声音不绝于耳之时，谁要是还想继续坚持进步观念，为它进行辩护，就好像要冒天下之大不韪，不仅被认为是落伍的，而且会被看作对现代性的一种偏执和维护。

不可否认，现当代思想家对传统进步观念的批判可谓是一针见血，把它的弊端揭露得一览无遗，这一点是我们必须给予肯定的，这对于消解传统进步观念的负面影响具有重大意义。但是，现当代一些学者从传统进步观念具有诸多弊端这一点出发，力图在理论上和实践中完全消解进步观念做法，则是我们无法认同的。因为现当代思想对进步观念的反思和批判虽然深刻，却并没有真正解决进步观念给我们带来的困境，进步观念虽然在理论上受到了质疑，但在实践中仍然具有顽强的生命力。即便是那些在理论上要消解进步的思想家其实内心还是有一种进步的信念的，希望人类历史的未来能更好而不是更坏，否则他们也不会对理论和现实进行反思和批判。这就使我们必须重新对进步观念进行理论上的反思，不过我们是以前人丰硕的反思成果为基础的，即前人的反思是我们需要纳入自己反思视野中的宝贵资源。我们不可能视现当代思想家对进步观念的深刻批判于不顾，仍然固守于传统对进步观念的理解。同时我们也要看到进步观念作为一种信念在人类生活中的重要性，或者说是一种无法消解性。只有兼顾这两个方面，我们才可以重新去反思进步观念，以解决进步观念面临的困境。

　　我们要正确理解和对待进步观念在当代面临的困境，即一方面，进步观念作为客观性的规律，受到人们普遍的质疑和非议；另一方面，进步观念作为人类一个深层的信念，又渗透在我们的现实生活中。这一困境需要我们对进步观念重新进行考察和反思，我们理论上批判和否定的是一种什么性质的进步观念，在实践中肯定的又是一种什么性质的进步观念，或者说在何种解释原则下的进步观念，是需要批判和质疑的，而在何种解释原则下，进步观念作为一种信念和价值又是无法消解的。我们理论上否定的与实践中肯定的绝对不是同一种性质的进步观念，否则我们就不会处于这种理论上否定与实践中肯定并存的尴尬之地。因此考察两种不同解释原则下的进步观念，及何种解释原则下的进步观念是我们需要在理论上进行批判的，而何种解释原则下的进步观念又是我们实践中无法消除的，将是我们的一个理论切入点。

三、国内学界对进步观念的反思和研究

　　国内学界在最近几十年也开始对进步观念进行考察和反思，这在很大程度上加深了我们对这一观念的理解。国内学界对进步观念的考察有个不断转换理论视域和理论旨趣的过程。早期我们的研究不是建立在对进步观念本身反思的基础上的，人们只是在坚持进步观念的前提下去讨论进步的主体、进步的评价标准和进步的实现形式等，尤其对进步的评价标准的争论，这是早期讨论的焦点。这些讨论固然有重大的理论意义和现实意义，但是这些讨论根本不去反

思进步是否可能，他们虽然批判传统进步观念的抽象性和先验性，但是其实质基本上还是固守于近代对进步观念的那种解释原则，即从知识论的立场来理解进步观念，把它当作一个知性概念来把握，从而把进步理解为人类历史的客观规律。这种理解是有其理论根源的，因为"对中国思想界来说，进步观念是'舶来品'。它在19世纪末和生物进化论一道传入中国，所以在大多数人们的心目中，'进步'一直是宇宙的法则和历史的规律。'不进则退，中国之恒言也。自宇宙之根本大法言之，森罗万象，无日不在演进之途，万无保守现状之理；……以人事之进步而言之：笃古不变之族，日就衰亡；……?'陈独秀在《敬告青年》一文中的这段话，耐人寻味。因为它不仅折射出中国知识分子接受进步观念的时代背景，而且告诉我们，'进步'在中国一开始就不被认为是一种历史理论，而被认为是客观规律或历史的属性"①。

也就是说，早期的学者对进步观念的考察还不是直接反思它作为人类历史运演的稳定法则和客观规律是否可能？仅仅是在坚信进步观念作为一项客观规律的前提下对这一观念进行考察和论证。

后来，随着中国经济的发展带来的一些负面影响，以及西方"罗马俱乐部"所提出的"绿色经济"，我们开始讨论进步与代价的关系，开始对进步观念本身进行反思，这就大大推进了理论的深度。梁治平《关于"进步"观念的几点思考》一文应该是拉开了我国最早对进步观念本身进行反思的序幕。国内对进步观念做过系统反思的专著有四本，分别是杨霞的《历史进步与人的解放》，姚军毅的

---

① 姚军毅. 论进步观念 [M]. 北京：中国社会科学出版社，2000：前言 3 - 4.

《论进步观念》，郝永平的《进步观念的当代重建》和单继刚的《作为意识形态的进步话语》，这四本书各有其理论的侧重点。

姚军毅在论文中对进步观念的内涵进行了系统的考察和反思，认为进步观念的内涵是历史性的，在不同时代侧重不同的内涵，并对导致进步观念内涵转换的原因进行了分析和梳理。在文中他提出要以马克思倡导的"以人的自由全面发展"作为新型进步观念的内涵，从而克服那种以"物质利益取向"为内涵的进步观念。

单继刚则主要是通过对马克思主义的进步观念进行阐释来批判理性主义的进步观念和"后理性主义"的进步观念。所谓理性主义的进步观念，就是近代、特别是启蒙运动时期所理解的抽象的进步观念。而后理性主义的进步观念，则主要是现当代思想家力图消解进步观念的态度。他认为没有普世的进步观念，只有体现一定阶级立场和意识形态的进步观念，而马克思的进步观念就是这样一种具体的进步观念。在他看来，只有作为一定意识形态的进步观念才具有现实性和合法性。

我们认为，国内对进步观念的拯救和批判还是局限于以一种认知概念的解释原则来理解进步观念，把进步观念当作人类历史的一种法则和规律。没有意识到传统进步观念消极作用的根源，就在于用这种解释原则来理解，就在于把它局限于知识论的视域。如果还把进步观念作为一种认知概念来理解，那么不管其内涵如何转换，我们都无法避免现当代思想对进步观念的深刻批判，因为现当代思想批判的不是哪一种内涵的进步观念，而是对把进步观念当作认知概念这一做法本身的批判。进步观念之所以被当作意识形态的话语，很大程度上也是由于人们一直以来都是从认知概念的立场来理解和坚持这一观念。因此要彻底消解进步观念的负面作用，重新阐释进步观念，不转换理解进步观念的解释原则是不行的，我们只有跳出知识论的视域，从伦理理念的解释原则出发来理解进步，才能实现我们的理论目标。

第二章

现当代思想对传统进步观念的批判

本章主要是从问题出发，探讨传统进步观念在当代面临的一系列理论层面的批判，揭示传统进步观念蕴含的内在困境，为后面对进步观念的考察和拯救奠定基础。

在现当代一些思想家看来，"进步""真理""解放"等观念不过是传统形而上学及其思维方式的具体表征，是一种理性主义的张狂和宏大叙事的建构，是以一种思辨的方式对人类社会历史进行理解。这些观念的确立，一方面在某种程度上加深了人的自我理解，但另一方面也在这种自我理解加深的过程中蕴含了一种走火入魔的倾向，即我们始终梦想生存于抽象的思辨世界之中，无法真正看清并融入现实的生活世界。因此，这些观念在某种意义上反而促使人类的历史不断走向这些观念所蕴含的理论旨趣的反面。在现当代思想家看来，揭示这些观念的思辨性、虚幻性、无根性，以及这些观念产生的理论根基——传统形而上学及其思维方式，就是一个我们在理论层面必须要面对的问题，对这一问题的思考和解决将有助于人们从思辨回到现实。因此，现当代很多思想家都对"进步""解放""真理"等观念重新提出质疑，更有一些思想家要坚决消解这些观念，并希望通过对这些观念的消解推进对传统形而上学及其思维方式的批判，以消减思辨世界对现实世界的压制，扩大人类生存和人类历史发展的可能性空间。因此，现当代思想家从不同方面对那些大观念及其背后的理论基础进行批判。

进步观念作为近代思想的典型产物自然不能幸免。尼采认为："进步。——就是我们不自欺！时间在飞跑——我们要说，万物都随时间向前飞跑——发展就是向前发展……这就是蒙骗沉思者的障眼法。但是 19 世纪相对 18 世纪来说，并不意味着进步。因为，1888 年的德国精神相对 1788 年的来说，意味着倒退……'人类'没有进步，它甚至从来没有存在过。总的面貌就像一个巨大的试验工厂，在那里有些成功了，但各个世代也有不少失败了，那里没有任何秩序、逻辑、联系和约束力。"① 在尼采看来，进步不过是我们关于人类历史的一种思辨的理论，是一种与人类历史经验不相符合的宏大叙事。

而当很多人还沉浸在历史进步的迷梦中不愿醒来时，本雅明就通过"历史的天使"的形象去批判历史进步的观念。"人们是这样描绘历史天使的。他的脸朝着过去。在我们认为是一连串事件的地方，他看到的是一场单一的灾难。这场灾难堆积着尸骸，将它们抛弃在他的面前。天使想停下来唤醒死者，把破碎的世界修补完整。可是从天堂吹来一阵风暴，它猛烈地吹击着天使的翅膀，以至他再也无法把它们收拢。这风暴无可抗拒地把天使刮向他背对着的未来，而他面前的残垣断壁却越堆越高直逼天际。这场风暴就是我们所称

_____

① 〔德〕尼采. 权力意志——重估一切价值的尝试［M］. 张念东，凌素心，译. 北京：商务印书馆，1991：594.

的进步。"① 在这段话中，本雅明把自己比作历史天使，他想去拯救破碎的历史，在别人看到历史进步的地方，他能看到的只是灾难。从天堂里吹来的逆风使人们离天堂越来越远，给人们带来无尽的灾难，而这就是人们所信仰的进步风暴。历史的天使在这场进步的风暴面前显得很是单薄和无奈，它无法唤醒死者，也无法修复破损的世界，更无法阻止"进步"所带来的持续不断的灾难。冯·赖特则干脆认为进步是近代人确立的一种神话，是典型的乐观主义的产物，因为近代人所信仰的进步，"不只是暂时的进步，或者是依赖于人的持之以恒的善良意志的偶然进步，而是不受约束的并且是永恒的进步，是某种'自然的'和必然的进步。这是观念史上一个崭新的概念。我把它称作关于进步的现代神话"②。

现当代思想家认为，近代确立的关于人类历史不断进步的观念是作为一种宏大叙事存在的，不具有任何的可靠性和合法性，它只不过是形而上学及其思维方式在历史领域的思辨运作，如果形而上学及其思维方式是需要清除和批判的，那么作为它们在历史领域具体操作的结果——进步观念也是需要悬置甚至消解的。而且他们认为进步观念的确立是与一种线性的时间观念密切结合的，而线性时间观念不过是基督教时间观念和近代科学时间观念的一种混合物，这种时间与人的本真生命是相割裂的，仅仅具有一种外在的"客观性"。如果这种时间观念本身是需要重新反思的，那么以此为根据进

---

① 〔德〕本雅明. 启迪：本雅明文选［M］. 张旭东，王斑，译. 北京：生活·读书·新知三联书店，2008：270.

② 〔芬兰〕冯·赖特. 知识之树［M］. 陈波，译. 北京：生活·读书·新知三联书店，2003：55.

步观念也就需要重新对待。对进步观念作为客观规律的批判是现当代思想家所必然采取的思路之一，他们认为把进步观念当作人类历史运演的稳定法则和客观规律，这只不过是人类理性思维的一厢情愿，没有任何的合法性，因为历史充满偶然性，不是单一的逻辑理论所能涵盖的。更有一些人从意识形态的角度对进步观念进行批判和揭露，认为它有可能被一些政党和当权者作为一种意识形态来利用，从而沦为一些非法事情的合法借口，如果"目的可以证明手段合理"，同样"进步可以证明悲剧的必要性和合理性"，因而要防止并揭露任何一个政党、阶级和当权者以进步观念作为借口，来掩盖和修饰社会的苦难和不幸。下面对这几个方面分别进行梳理和阐述。

一、对其作为宏大叙事的批判

现当代思想家对传统进步观念批判最为深刻和严厉的一个视角，就是认为进步观念作为关于人类历史运演的法则和规律，不过是一种宏大叙事，是形而上学及其思维方式在人类历史领域的一次具体应用，进步观念的产生和确立不过是这种运用的一个具体结果。在他们看来，对进步观念的批判不但要通过对思辨历史哲学进行批判，更要通过对传统形而上学及其思维方式进行批判，或者也可以说，对传统形而上学及其思维方式的批判，是消解思辨历史哲学和进步观念的一个最有效的途径。因此，本节主要梳理现当代思想家所揭示出来的进步观念、历史哲学和传统形而上学三者之间的内在关联，以及他们如何通过对传统形而上学和思辨历史哲学的批判来消解进

步观念，从而展现进步观念作为人类历史运演的宏大叙事所具有的
思辨性、虚幻性和非法性。

（一）进步观念、历史哲学①、形而上学及其思维方式

现当代思想家很多时候不是仅仅就进步观念本身进行反思，而
是对它的深层理论根基进行挖掘和考察，从而对进步观念的合法性
进行更彻底的质疑，当然也可以通过对进步观念的批判，达到对其
深层理论基础的批判和反思。现当代思想家对进步观念、思辨历史
哲学和传统形而上学之间的关联进行考察和揭示，就是要在它们的
这种互相关联中进行反思，以期达到对进步观念、历史哲学和传统
形而上学这三者的批判。

首先，考察进步观念与历史哲学之间的关联。任何观念的产生
和确立都需要一个直接的理论框架，没有直接的理论框架作为一个
理论的场，是无法想象一个观念的产生和确立的。对进步观念而言，
历史哲学就是它得以产生的直接的理论框架和理论的场。虽然不同
的思想家对进步观念的具体界定不同，但把它看作关于人类历史运
演的一种理论却是基本相通的。而要对人类历史运演有理论上的把
握，就需要对人类历史整体做哲学上的反思和考察，即需要一种思
辨的历史哲学。因此作为对人类历史演变过程理解的进步观念就与
作为对人类历史整体把握的历史哲学密切关联，可以说，没有历史
哲学就不可能真正产生和确立一种关于人类历史演变过程的进步观
念。这里需要强调的是一种历史哲学意识和作为科学形态的历史哲

---

① 这里的历史哲学特指思辨历史哲学，文中如不加注明，都是指思辨意义的历史
哲学，至于不同于此的分析的历史哲学，在后文会加以注明。

学，这二者之间既有关联又有差别。历史哲学的产生和确立离不开历史哲学的意识，但有历史哲学的意识并不意味着就一定有科学形态的历史哲学。我们认为进步观念之所以在近代产生和确立，在很大程度上是由于科学形态的历史哲学也是在这一时期形成的。

真正科学形态的历史哲学是很晚才出现的，它开始于 18 世纪。希腊人只有历史学而没有历史哲学，在基督教处于绝对支配时期的中世纪，有的只是历史神学，虽然它对近代历史哲学的形成产生了极为重要的影响。那么，"究竟谁建立了现代历史哲学呢？根据德国的特勒尔奇的说法，应当是法国的伏尔泰，但根据法国的米歇尔（Jules Michelet）的说法，应当是意大利的维科。我们倾向于认为现代历史哲学是由这两个天才人物确立的，他们十分愉快地相互补充。我认为维科享有优先权。1725 年他出版了《关于共同性的新科学原理》，他是历史哲学世俗化的开端"①。伯瑞认为进步观念作为对人类整体历史演变过程的一个阐释是到晚近时代才开始出现的，他说："在上世纪（18 世纪——引者注）70 年代和 80 年代，进步观开始成为信仰中的一个普遍内容。有些人将其理解为宿命论的形式，即无论人们做什么或不做什么，人类都沿着理想的方向前进；有些人会认为未来在很大程度上取决于我们自己的有意识的努力，但万物的本质中没有任何东西会阻碍稳步和无限发展的前景。大多数人并不非常好奇地去探索学说中的这类问题，而是在模糊的意义上将其作为自己信念的令人感觉惬意的一种补充加以接受。但是，它却成为

---

① 〔英〕格鲁内尔. 历史哲学——批判的论文 ［M］. 隗仁莲，译. 桂林：广西师范大学出版社，2003：163.

受教育之人的普遍思维观的组成部分。"① 这也就是说进步观念作为一种普遍的历史观被人们所信奉是在 18 世纪中后期的事情，它在某种程度上跟近代科学形态的历史哲学的形成是密切关联的，因为历史哲学的体系化和科学化为传统进步观念的形成和确立提供了一个很好的理论支撑。如果没有历史哲学的发展，我们很难想象进步观念作为一个历史观念能被人们普遍接受。

其次，分析历史哲学与形而上学及其思维方式之间的关联。关于它们之间的关系，黑格尔在《历史哲学》中给出了很好的阐释。在他看来，所谓历史哲学也可被看作"哲学的世界历史"，它既不是哲学本身的历史，也不是普通的历史学，而是要对历史进行哲学的理解。因为，历史哲学的目的不是对历史作经验的考察，而是对历史的本性进行思维着的考察，或者说进行哲学的考察，这意味着不能让思想沉溺在历史的经验之流中，而是让它从繁多的历史经验中超拔出来，从而透视历史经验之后的思想和精神。由于考察方式的不同，黑格尔区分了三种历史，即原始的历史、反省的历史和哲学的历史。

原始的历史主要是指早期的历史学，典型的代表就是希罗多德和修昔底德，这类历史学家只是把所熟知的各种历史情况，特别是有关军事和战争的材料记载下来，在观念中保留这些事实，从而形成原始的历史。这种历史是作者所熟悉的，因此叙述得比较生动形象，但缺点是内容十分狭窄，时间和空间跨度比较小，而且沉溺于琐碎的人物和事件之中无法超拔出来，是一种毫无反省的历史。

①〔英〕约翰·伯瑞.进步的观念［M］.范祥涛，译.上海：上海三联书店，2005：242.

反省的历史首先在范围上就不同，它不限于所叙述的那个时期，相反它的精神是要超越现时代的。对于反省的历史来说，重要的是历史学家开始选择和整理历史材料，要用思想和精神来概括一切。但这些历史学家所用的思想和精神都是主观的、私人的，是根本不能契合历史材料本身的。因为"进行工作的人用了他自己的精神来从事这种整理工作，他这一种精神和材料内容的精神不同"，从而使得反省的历史具有抽象性和虚幻性的特点，所以黑格尔指出："任何著史的人都可以利用各种资料，个人都自信有能力去整理这些资料，而且每个人大概都把他自己的精神，算是那个时代的精神。读者们读厌了这类反省的历史，每每喜欢回读不具任何特殊观点的一类记述。这类记述，当然有它们的价值，但是它们大多数只提供历史资料。"① 这里黑格尔既批判了反省的历史，又批判了原始的历史，认为前者脱离了历史经验，后者则过于沉溺于历史材料之中。正因为对以上两种历史研究的不满，黑格尔提出了一种哲学的历史或者说历史哲学。

黑格尔认为，新的历史研究就是要考察推动历史运动的"精神"，而这只能借助于用哲学的方式来考察历史才能达到。在黑格尔看来，"哲学可以定义为对于事物的思维着的考察"②，因此，"'历史哲学'只不过是历史的思想的考察罢了"。他认为这种新的历史研究即历史哲学克服了原始的历史和反省的历史的缺点，因为历史哲学把思想和材料统一起来了，思想是材料中的思想，材料是有思想

---

① 〔德〕黑格尔. 历史哲学［M］. 王造时，译. 上海：上海书店出版社，2006：绪论 4 - 6.
② 〔德〕黑格尔. 小逻辑［M］. 贺麟，译. 北京：商务印书馆，1980：38.

的材料。因此一方面，"我们可以宣布：忠实地采用一切历史的东西，是我们应当遵守的第一个条件。"而另一方面，作为历史哲学家，"他离不开他的范畴，而且从这些范畴来观察他心目中所见的各种现象。"① 在他看来，用哲学的方式考察历史，或者说把历史领域纳入哲学的考察范围是真正理解和认识历史的唯一方式。

我们从黑格尔对历史研究方式的分析，以及他对历史哲学的定义和历史哲学的目的可以清晰地看出，历史哲学与哲学的关系或者说与形而上学及其思维方式的关系是如何地密切了。因为历史哲学按其定义只不过是用哲学或是说形而上学的思维方式去考察历史，从而对历史的本质有所把握，我们完全可以说历史哲学不过是形而上学思维方式在历史领域的应用，形而上学及其思维方式是历史哲学得以建立的深层理论基础。

根据上面所考察的进步观念与历史哲学、历史哲学与形而上学及其思维方式的内在关联，我们可以推导出传统进步观念与形而上学及其思维方式之间的内在关联。"所谓形而上学思维方式，就是一种试图从一元化的、非历史的终极存在来把握人与世界的一种思维方式，是一种迷恋于最终主宰、'第一原理'和最高统一性的思维方式。寻求绝对实在的'绝对主义'、寻求一元化原则的'总体主义'、寻求永恒在场者的'非历史主义'，这三者构成了形而上学思维方式的根本特征。"② 现当代思想家认为，当把进步观念作为人类历史整体运演的一种客观规律来看待时，我们不但根据进步观念去

① 〔德〕黑格尔. 历史哲学 [M]. 王造时，译. 上海：上海书店出版社，2006：绪论 8–10.

② 贺来. 边界意识与人的解放 [M]. 上海：上海人民出版社，2007：58–59.

理解和阐释人类历史整体的历程，而且会根据它去预言历史的将来。在此作为客观规律来理解的进步观念就是统摄人类历史行程的一束普照光，它对人类历史的运演而言就是一元化的解释原则和绝对真实的同一性根据。因此，我们完全可以说进步观念不过是形而上学思维方式在历史领域更为具体的应用。如果说进步观念的产生和确立离不开科学形态的历史哲学，因为后者是前者最为切近的理论场，那么形而上学及其思维方式就是传统进步观念产生和确立最为深层的理论根据。

需要强调的是，这里并不是说进步观念与历史哲学是一种直接的关系，而与形而上学及其思维方式是一种间接的关系。严格说来，进步观念与它们都是一种直接的关系。没有科学形态的历史哲学作为理论的场，进步观念不可能作为一种历史观被人们普遍接受，而没有形而上学及其思维方式的深层理论支撑，传统进步观念也不可能产生和确立。因此，进步观念、历史哲学和形而上学及其思维方式的关系，我们可以这样来理解：形而上学及其思维方式是进步观念和历史哲学最深层的理论基础，进步观念和历史哲学只不过是形而上学及其思维方式在历史领域的具体应用和理论表现。进步观念是形而上学及其思维方式应用于对人类历史整体运演模式考察的一种结果，这是历史哲学一个必不可少的部分。

正是由于进步观念、历史哲学和形而上学及其思维方式三者之间这种密切的关联，导致现当代思想家认为，进步观念作为后两者的一个具体应用，具备了它们所具有的一切缺陷，是一种思辨的形上迷梦，是关于历史整体运演的一种宏大叙事，是需要解构和批判的对象。鉴于三者之间的密切关联，以及形而上学及其思维方式的深层理论地位，现当代思想家对于进步观念作为宏大叙事的批判，更多的是通过批判历史哲学和形而上学及其思维方式来进行的，因为只有对后两者，特别是对形而上学及其思维方式的批判才能最终消解作为一种宏大叙事的进步观念。

（二）现当代思想家对历史哲学的批判

英国历史学家沃尔什把历史哲学分为"思辨的历史哲学"和"批判的或者说是分析的历史哲学"，认为前者是对历史整体进行的本体层面的研究，后者是对我们认识历史的材料和方法进行认识论层面上的批判性研究。虽然他的这一划分方法在某种程度上把思辨历史哲学和批判历史哲学割裂了，但这一划分对考察二者之间的差异还是极为有益的，因此被学界广泛接受。其实，当黑格尔把历史哲学规定为对历史进行思维着的考察时，他所指的就是一种思辨历史哲学。思辨的历史哲学关注的对象是历史的本质，或者说是历史现象背后隐藏的本质性内容。由于是对历史进行哲学式的考察，那么"出自哲学家的素养和天性，思辨的历史哲学家们不会满足于对历史仅仅作出经验的、个别的描述，而是力主并试图对历史作出哲学的概括和解释，提出某种普遍的模式"①。思辨的历史哲学试图确立关于历史整体的一般原理，试图发现历史的规律、动力、目的、价值和意义，并试图预言历史的演变过程。批判的和分析的历史哲学则恰恰相反，它更关注的是对历史思维本身的一种考察和反思。

现当代思想家对传统历史哲学的批判，更多的是体现在对其思

---

① 李秋零．德国这人视野中的历史［M］．北京：中国人民大学出版社，1994：16.

辨性和独断性的批判，试图用一种批判的历史理性来取代思辨的历史理性，从而去否定思辨的历史哲学。

虽然黑格尔明确提出他的历史哲学不是用一种外在的、抽象的思想去编排历史，而是把忠实地采用历史的经验作为必须遵守的第一个条件，但他同时也认为历史哲学不是原始的历史，思辨不用考虑历史经验而从自身产生思想，并用这些思想来研究历史，把历史当作一种材料来对待，用思想去整理历史。他明确说道：历史哲学就是要认识到历史中的理性，认识到上帝的计划，"哲学要理解的就是这个计划，因为只有从这个计划所发生的一切事物，才具有真正的现实性。凡是不符合这个计划的都是消极的、毫无价值的存在"①。这就意味着逻辑是第一性，历史经验是第二性的，只有符合逻辑的历史才是历史。所谓逻辑与历史的统一，其中的历史已经是被逻辑剪裁过的历史了，它必然是符合逻辑的。"历史哲学就是要使历史过程在某种意义上满足理性的需要。历史哲学的阐述者因而呈现出思辨形而上学家的特质：大胆的想象力与丰富的假设、追求统一性的热情、蔑视单纯经验事实以及对历史洞若观火。……历史哲学的洞见是一种历史的直觉，不依赖于历史证据，而仅仅取决于哲学思考。"② 正是在这个意义上，沃尔什说：历史哲学"必定要么是形而上学的，要么就是不存在的"③。20 世纪，思辨的历史哲学受到

---

① 〔德〕黑格尔. 历史哲学 [M]. 王造时，译. 上海：上海书店出版社，2006：34.

② 〔英〕格鲁内尔. 历史哲学——批判的论文 [M]. 隗仁莲，译. 桂林：广西师范大学出版社，2003：代译者序27.

③ 〔英〕沃尔什. 历史哲学导论 [M]. 何兆武，张文杰，译. 北京：北京大学出版社，2008：19.

了一系列的批判，这些批判使得思辨历史哲学的存在岌岌可危。很多思想家认为，如果还可以谈历史哲学的话，那就应当是分析的历史哲学，而不是思辨的历史哲学。"阿特金森认为，分析的历史哲学是合法的、难免的，与哲学其他分支一致。这样做，也不会招致历史学家的反感。而实质的（即思辨的——引者注）历史哲学则不会这样万全，它既受到分析哲学家的攻击，也受到从业历史学家的诘难。它的全面性的概括缺乏证据，更超越确凿的历史事实，又远不是可以先验地确定的那类主张。一个不可否认的事实是，实质的历史哲学受到普遍的怀疑。"由于思辨历史哲学对待历史经验的态度是独断和粗暴的，很多人把历史哲学看成基督教历史神学的世俗版本，"巴勒克拉夫指出，历史哲学或'元历史学'现在已不受历史学家的欢迎，只有神学家还欢迎它。"①

　　后现代思想家认为，思辨的历史哲学想从纷繁杂乱的历史经验中寻找内在的东西作为历史现象的支撑物，这种理论旨趣本身就是值得商讨的。在一些后现代思想家看来，历史根本不存在所谓的客观规律，我们也不可能对历史整体有一个经验的把握。历史哲学家们所苦苦寻觅的各种历史规律、目的和意义不过是一种思辨的想象和外在的附加。人类历史充满偶然性和机遇性，我们根本不可能用一种逻辑去涵盖和解释人类历史的行程。在他们看来，思辨的历史哲学立足的是思辨而不是历史，得到的结果是哲学而不是历史，总之思辨的历史哲学是一种虚假的而非真实的人类历史。

　　后现代思想家认为，"思辨的历史学家们相信，只有他们发现的

---

①　〔英〕格鲁内尔. 历史哲学——批判的论文〔M〕. 隗仁莲，译. 桂林：广西师范大学出版社，2003：代译者序8.

这种普遍的历史模式才是真正的历史，才是历史的本质，而那现实的、经验的历史，即各地区、各民族的历史不过是这种普遍模式在具体空间和实践中展开而已。"① 就是自认为极富有历史感的黑格尔，也不过把人类历史看成绝对精神自我展现的一个阶段，是自由意识不断进展的结果。因此，所谓的思辨历史哲学，就是哲学家一个专制性的历史体系建构，它为历史强加上一种逻辑的结构，是彻底清除历史偶然性的本质故事。这种思辨的历史是绝对不可信的，因为它受制于"同一性逻辑"，设定了一种似是而非的语言和思想的客观性前提。后现代主义者更认同一种微观的而非宏观的历史，更喜欢一种微观的而非宏大的叙事。这种微观的历史和叙事与思辨历史哲学用逻辑把人类历史整体串联起来的方式不同，它们更关注历史中的小事件，这事件仅仅限于有限的时空跨度内，而且不是作为本质的面目出现的。消除那种作为神话的思辨历史哲学是后现代思想家的一个理论目的。

对于历史学家，历史哲学是非经验的，而对于批判哲学家，它是独断的。历史学家用经验去反驳思辨历史哲学的虚幻性，批判哲学家用批判的方法去揭示其历史理性的滥用。在批判哲学家看来，我们必须从思辨的历史哲学转向批判的历史哲学，放弃对历史整体的规律、目的、价值和意义的追寻，而仅限于对历史认识本身的批判。他们认为哲学家对历史所能从事的有益的工作就是对历史思维进行考察。我们认为后现代一些思想家对待思辨历史哲学的态度是有些简单而极端的，在某种程度上，思辨历史哲学是有其理性根据

---

① 李秋零. 德国这人视野中的历史 ［M］. 北京：中国人民大学出版社，1994：16.

的，对于我们思考历史也是无法消除的。但是我们必须承认思辨历史哲学存在一些内在缺陷，后现代思想家对它的一些批判也是值得慎重对待的。

（三）现当代思想家对形而上学及其思维方式的批判

根据上面所分析的进步观念、历史哲学和形而上学及其思维方式之间的内在关联，我们可以看到，虽然历史哲学是进步观念产生的直接理论框架，但是形而上学的思维方式却是进步观念和思辨历史哲学的深层理论基础。因此要想对进步观念和历史哲学进行根本的批判，必须要对形而上学思维方式进行批判。

这里所谓的形而上学及其思维方式，是从古希腊就开始支配西方哲学研究的一种深层的致思方式，由柏拉图开创，一直延续至今，并在黑格尔的哲学中得到了充分的展示。"所谓形而上学思维方式，就是一种试图从一元化的、非历史的终极存在来把握人与世界的一种思维方式，是一种迷恋于最终主宰、'第一原理'和最高统一性的思维方式。寻求绝对实在的'绝对主义'、寻求一元化原则的'总体主义'、寻求永恒在场者的'非历史主义'，这三者构成了形而上学思维方式的根本特征。"① 但这仅是对其基本特征的一个简要描述，而且不同的人也有不同描述。海德格尔认为形而上学的思维方式从根本上而言是一种"本体—神学—逻辑机制"。德里达会把形而上学的思维方式看作"逻各斯中心主义"，把传统形而上学看成一种宏大叙事的建构和"永恒在场的形而上学"。阿多诺把形而上学的思

---

① 贺来．边界意识与人的解放［M］．上海：上海人民出版社，2007：58－59．

维方式看成"同一性思维"，而传统哲学就是同一性哲学。罗蒂则把形而上学及其思维方式看作一种镜式的哲学和镜式的思维。以下我们主要通过阿多诺和罗蒂的思想来揭示现当代思想家对形而上学及其思维方式的反思和批判。

阿多诺对形而上学及其思维方式深恶痛绝，他把传统哲学称为"同一性哲学"，把形而上学的思维方式称为"同一性思维"。阿多诺认为传统哲学之所以是同一性哲学，因为它是在同一性思维的强制下构建起来的具有等级性的概念体系，而概念体系总是不可避免地掩盖概念试图理解的对象。也就是说，传统哲学最大的虚幻性就在于迷信概念和逻辑的自足性，认为概念和逻辑把握到的才是现实的，而不能为它们所涵盖的则是虚假的、异质性的因素，是需要摆脱和消除的。阿多诺就是要拯救那些不能被概念所涵盖的异质性和偶然性因素，因为在他看来，正是这些东西才是现实的，而哲学所关注的也应该是这些东西。他说："在历史的高度，哲学真正感兴趣的东西是黑格尔按照传统而表现出的他不感兴趣的东西——非概念性、个别性和特殊性。自柏拉图以来，这些东西总被当作暂时的和无意义的东西而打发掉，黑格尔称其为'惰性的实存'。构成哲学主题的是质，在定额上它把质贬低为可忽略不计的量。对概念来说非常紧迫的、但它又达不到的东西是它的抽象论的机械论排除掉的东西，即尚未成为概念实例的东西。"①

因此，阿多诺对形而上学及其思维方式的批判，主要表现在对同一性哲学和同一性思维的批判，其最终的理论目的就是要消解同

---

① 〔德〕阿多尔诺. 否定的辩证法［M］. 张峰，译. 重庆：重庆出版社，1993：6.

一性逻辑对现实的差异性和特殊性的压制。同一性是不真实的，因为概念根本没有能力穷尽被表达的事物。对我们而言，如何从概念体系中觉醒，认识到概念不能涵盖的东西将会终止概念所具有的同一性的强制。他说："概念觉醒是哲学的解毒药，从而避免哲学日渐猖獗以致成为一种对自己来说的绝对……按照科学的用法来穷尽万物，把现象还原为极少数命题，这并不适合哲学（在黑格尔同费希特的论战中有这方面的一些暗示，他指责费希特是从一种'格言'出发的）。相反，在哲学上，我们确实力图使自己沉浸在和哲学相异质的事物中，而又不把这些事物放置在预先构想的范畴中。我们想尽量紧紧地坚持异质的东西，像现象学的纲领和齐美尔的纲领已经努力做的那样，我们的目的是全盘放弃。在哲学并不去兜售自己的地方，哲学的内容才能被把握。应该抛弃这样的幻想，即哲学可以以它的规定的有限性来限制这种本质。"① 而要达到对传统哲学及其思维方式的批判，阿多诺认为必须诉诸对辩证法否定性本质的彻底彰显。因为，辩证法能够意识到自己的不充足性，能够揭示同一性的虚幻性，是对非同一性的自觉，"它的运动不是倾向于每一客体和其概念之间的差异中的同一性，而是怀疑一切的同一性；它的逻辑是一种瓦解的逻辑：瓦解认识主体首先直接面对的概念的、准备好的和对象化的形式"②。在阿多诺看来，同一性思维即形而上学思维方式是同一对差异、普遍对特殊、主体对客体、概念对对象的一种

---

① 〔德〕阿多尔诺. 否定的辩证法 ［M］. 张峰，译. 重庆：重庆出版社，1993：11 - 12.
② 〔德〕阿多尔诺. 否定的辩证法 ［M］. 张峰，译. 重庆：重庆出版社，1993：142.

强暴，而要消除同一性思维的强制就必须依靠辩证法的否定，只有这样我们才能重新赋予特殊性和差异性以合法性，使其从同一性思维和逻辑的束缚下解放出来。他把自己的辩证法称为"否定的辩证法"，就是为了把非同一性从同一性中解放出来。

如果说阿多诺还是在主体与客体不断的对立中为特殊性和差异性恢复合法性的话，那么罗蒂则是直接去消解主客体的合法性，消解形而上学及其思维方式的合法性，来为偶然性、特殊性和历史性进行辩护。罗蒂把传统哲学看作一种"镜式哲学"，而其思维方式就是一种"镜式的思维方式"。因为，"决定着我们大部分哲学信念的是图画而非命题，是隐喻而非陈述。俘获住传统哲学的图画是作为一面巨镜的新的图画，它包含着各种各样的表象（其中有些准确，有些不准确），并可借助纯粹的、非经验的方法加以研究。如果没有类似于镜子的心的观念，作为准确再现的知识观念就不会出现。没有后一种观念，笛卡尔和康德共同采用的研究策略——即通过审视、修理和磨光这面镜子以获得更准确的表象——就不会讲得通"①。因此，传统形而上学及其思维方式也可以看作一种表象哲学和表象思维，它的目标就是准确地再现心外的事物。罗蒂对形而上学及其思维方式的批判就是通过揭露"心"作为实体假设的虚幻性，认为作为自然之镜的"心"不过是哲学家的发明，从而使传统哲学的一个自以为坚固的理论基点得以被消解，动摇了形而上学的根基。

罗蒂认为："我们必须摈弃西方特有的那种将万物万事归结为第

---

① 〔美〕理查德·罗蒂. 哲学和自然之镜［M］. 李幼蒸，译. 北京：商务印书馆，2003：9.

一原理或在人类活动中寻求一种自然等级秩序的诱惑。"① 而这却是西方形而上学传统一直追求的理论目标，整个西方哲学史的过程也是哲学家们不断构建关于世界的第一原理的过程。在罗蒂看来，传统哲学不断地希望在人类经验之外寻找纯粹的真理和得到知识的绝对方法，这是一种本质主义和基础主义的表现，是一种虚幻的梦想。形而上学及其思维方式企图以一种固定不变的观点去透视一切事物，想要寻找一个超越偶然和历史的终极的语汇。"形上学家想要超越表象的杂多性，希望从高处看下来，可以意外地发现一个统一性，因为统一性乃是一个信号，表示我们已经瞥见一个真实不虚的东西，一个站在表象背后，创造表象的东西。"② 也正是在这一点上，罗蒂认为，所谓分析哲学的语言学转向，在某种程度上不过是传统哲学基础主义和本质主义的继续，"西方哲学自笛卡尔以降，历经洛克、康德等人的发展，一直延续着一种基础论的大计划，希望证明人类心灵的结构，乃是我们对世界的知识之基础。20 世纪的分析哲学继承了这个大计划，把'心灵'换成'语言'，相信语言就是这个大计划所追求的地基，将这个地基的结构加以严格的分析，我们就可以对语言所再现的世界本质，以及使用语言并被语言所塑造的人类心灵的本性获得透彻的了解。"语言学的转向不过是把对人的"心灵"之镜的追求转变为对"语言"之镜的追求，它们最终目的都是要更准确地把握和再现外在世界的终极结构，达到一种超越任何历

---

① 〔美〕理查德·罗蒂. 哲学和自然之镜 [M]. 李幼蒸，译. 北京：商务印书馆，2003：中译本作者序 10.

② 〔美〕理查德·罗蒂. 偶然、反讽与团结 [M]. 徐文瑞，译. 北京：商务印书馆，2003：138.

史和语境的真理。"罗蒂认为这种再现哲学的主要困难之一，就是它自欺欺人地以为它可以超越历史环境，能够找到人类知识的基本必要条件，一种不会随着社会实践、语言游戏或世界图像等变化而有所不同的知识基础。"①

罗蒂让人们意识到，哲学不能为人们提供一种超历史的真理和知识，那是我们所无法达到的目标，人是生活在历史语境中的，我们所苦苦追寻的真理不过是语句的一个性质，"由于语句的存在依赖于语汇，由于语汇是人类所创造的，所以真理也是人类所创造的"。这样我们就可以理解为什么罗蒂要强调语言的偶然性和历史性，通过消解传统语言具有的神性，使得语言难以完成再现事物本质的目标，从而达到对传统哲学的一种批判。罗蒂认为："我们的语言根本无所谓适切于前语言的意识，因为这种意义之下的意识并不存在；哲学家的职责也在于利用语言表述我们对事物本性的深层意识，因为此所谓深层意识只是子虚乌有。"② 如果传统哲学的深层意识只是子虚乌有，那么传统哲学又如何具有合法性呢？在罗蒂看来，我们将"不再崇拜任何东西，不再把'任何东西'视为具有准神性的，从而把所有东西——我们的语言、我们的良知、我们的社会——都视为时间和机缘的产物"③，所谓真理也应该从发现到发明，从客观性到协同性。也是在这个意义上，他赞成做反讽主义者，而"作为

---

① 〔美〕理查德·罗蒂. 偶然、反讽与团结〔M〕. 徐文瑞，译. 北京：商务印书馆，2003：译者导言 2 - 3.
② 〔美〕理查德·罗蒂. 偶然、反讽与团结〔M〕. 徐文瑞，译. 北京：商务印书馆，2003：34.
③ 〔美〕理查德·罗蒂. 偶然、反讽与团结〔M〕. 徐文瑞，译. 北京：商务印书馆，2003：35.

反讽主义者，他或她承认自己所坚持的信仰、欲望、价值，以及自己用来描述理想自我的终极语汇，都是偶然的历史和环境的产物，它们背后没有任何超越时间和机缘的基础"①。

（四）现当代思想家对进步观念作为宏大叙事的批判

上面我们分别梳理了现当代思想家对思辨历史哲学和形而上学及其思维方式的批判，因为现当代思想家对进步观念的批判更多的是通过对它产生的直接语境和深层理论根基进行批判来达到的，他们认为只有这样才能对传统进步观念进行彻底的批判和消解。同样，很多思想家为了批判历史哲学和形而上学及其思维方式，也是从批判作为宏大叙事的进步观念出发的。在他们看来，以进步观念为突破口，实现对思辨的历史哲学和传统形而上学的批判也是可取的方式之一。

柯林伍德认为，进步观念作为一种关于历史整体的宏大叙事，对我们来说不过是一种视觉上的错误。我们不可能把历史的任何一个时期作为整体来把握，对于历史学家来说，历史并不是作为一个整体出现在他视野中的。因此"要判断一个历史时期或人类生活的一种形态作为整体而言，是不是比起它的前人来表现了进步——这种企图就造成了一种很容易识别的类型的错觉。它们的特点是把某些历史时期贴上美好的时期或历史的伟大时代的标签，而把另一些

---

① 〔美〕理查德·罗蒂. 偶然、反讽与团结［M］. 徐文瑞，译. 北京：商务印书馆，2003：译者导言4.

时期贴上恶劣的时期或历史衰颓或贫困的时代的标签"①。在他看来，这些标签在很大程度上是没有客观性的，因为所谓美好时期不过是我们有能力来重新生活所享有的那种经验，而恶劣的时期则是我们无法在自身中重新建造的时期。但"就是这种视觉上的错觉，以一种比较简单的形式影响了 18 世纪的历史思想，并且奠定了为 19 世纪所接受的那种进步教条的基础"。因为我们对美好时代的认可总是受经验证据多少的左右，所以"从原始时代直到今天，作为进步的历史观念，对于那些相信它的人来说，都是他们的历史视野只局限于最近的过去这一事实的一个简单的结果"。也正是在这个意义上，柯林伍德说："因此，关于有一种单一的历史进步导致了今天那一古老的教义和关于历史时期（即一种多重的进步导致了'伟大的时代'，而后又导致衰退）这一近代的教条，就都仅仅是历史学家的愚昧无知在过去的屏幕之上的投影罢了。"他甚至说："要问任何一个历史时期作为一个整体而言，是不是表明了自己超越其前人的进步，这种提问就是废话。"②

索雷尔则写了一系列的文章来揭示进步观念的虚幻性，《进步的幻象》的主旨就是要批判传统的进步观。索雷尔认为，西方社会思想主要靠两个核心信念支撑，第一个信念是认为我们可以借助于理性和知识来消除人类的苦难和不幸，从而获得终极的拯救，这是从古希腊以来就保有的信念。第二个是历史神正论的信念，是犹太—

---

① 〔英〕柯林伍德. 历史的观念 [M]. 何兆武，张文杰，译. 北京：商务印书馆，1997：448.

② 〔英〕柯林伍德. 历史的观念 [M]. 何兆武，张文杰，译. 北京：商务印书馆，1997：449－451.

基督教所树立的观点，认为历史是有终极目的和意义的，历史的过程就是神意不断显现、罪恶不断被消除的过程。对历史神正论而言，"必定存在着以达到某种目标或模式为鹄的的进步或发展过程；精神需要得到某种这样的保证：尽管存在着所有那些偶然的事变和衰败，故事总会有个幸福的结尾；或者是'天命'以其不可思议的方式把我们引向它，或者是把历史理解成某种伟大的宇宙精神的自我实现，所有的人，他们的所有制度，甚至整个自然，都是这种精神的不断变化和进步着的展现"。对于这两种信念，索雷尔是完全持否定态度的，他认为所谓的进步观念就是这两种信念的混合物，它以形而上学的形式给人带来盲目的信心。因此，他的一个理论目标就是通过揭示进步观念的虚幻性来批判支撑西方思想传统的两个基本信条。他力图"证明普遍的人类进步这种想法的荒谬性，它产生于把技术和人生混为一谈，或产生于17世纪晚期的文人首先提出的他们必然优于古人的荒唐主张。至于神学或形而上学的人类可以达到尽善尽美的信念，只是捞取救命稻草的病态表现，是弱者的避难所"①。在索雷尔看来，进步观念不过是关于虚幻的历史整体的一个宏大叙事，它孕育了人类历史一体性的虚假意识，正是这种意识，否认了历史的开放性，压抑了人的创造性。如果进步是人类历史不可避免的法则，那么人的创造意志就会窒息，机遇和偶然就不具有任何价值和意义。因此，进步观念不过是人们为了回避现实的混乱而藏身于其中的抽象观念，它不过是我们编织的一种关于历史整体演变过程的乌托邦体系，而用这一观念所做的对未来的伪科学的预测，只不过

---

① 〔英〕以赛亚·伯林. 反潮流：观念史论文集〔M〕. 冯克利，译. 上海：译林出版社，2002：363－364.

是现代版的占星术。对索雷尔来说，必须要揭示进步观念的虚幻性，因为如果进步被当作人类历史的宏大叙事，其结果一定是专制主义的恐怖。

以上我们从进步观念、思辨的历史哲学和形而上学及其思维方式三者之间的关系出发，分别阐释了现当代思想家对它们的批判。我们可以看出，很多思想家是通过对进步观念的深层理论基础即形而上学及其思维方式的批判，来实现对进步观念作为宏大叙事的批判，因为只有这样，才能彻底消解传统进步观念。

二、对其蕴含线性时间的批判

对历史而言，时间是一个回避不了的主题。因为"时间意识是历史观念的核心，深入理解人类的时间意识，有助于认识历史的本质。时间在无形中隐藏着人类历史的密码，规范着人类实践活动。'时间就是权力，这对于一切文化形态的时间观而言都是正确的。谁控制了时间体系、时间的象征和对时间的解释，谁就控制了社会生活'"①。也是在这个意义上，很多思想家认为，所谓线性的时间观不过是近代资本主义大生产的产物，这种时间观念本身就是资产阶级意识形态，并维护着资产阶级的统治。对线性时间观的反思和批判，不仅承担着对资产阶级意识形态的批判，而且承担着对近代历史观的批判。在思想家们看来，进步观念的确立与线性时间观是密

---

① 吴国盛．时间的观念［M］．北京：北京大学出版社，2006：99.

不可分的，线性时间观为进步观念的确立提供了内在的理论支撑，但也正是这种线性时间观自身所具有的缺陷，使进步观念也具有难以回避的内在缺陷。本雅明认为，对进步神话的批判必须要触及深层的基础，即线性的时间观念。因为线性的进步观念只有在现代那种空洞的、匀质的线性时间观念中才有可能。因此，对线性时间观念的反思和考察就成为批判传统进步观念的一个主要出发点。

传统进步观念将历史的演变过程描述为一条线性的过程，虽然偶尔会有断裂，但终将向无限完善的目标前进。进步观念如果能存在，就必须要有线性的、非循环的变迁意识，而这种意识又是以对时间的线性理解为前提，所以线性的时间观对进步观念是至关重要的。线性的时间观念并不是从来就有的，而是在犹太—基督教以后，特别是近代自然科学兴起以后才逐渐支配人们生活的。在古希腊时期，占支配地位的是一种循环的时间，周而复始，无所谓起点和终点。线性时间观念的产生和确立确实改变了我们的生活方式和思维方式，但它对我们来说并不是不容置疑的，现当代很多思想家都对这种线性的时间观念进行了反思和批判，力图改变我们对时间的这种理解，以破除线性时间观念的弊端。

下面我们先考察线性时间观念的弊端，以及现当代思想家对线性时间观念的批判。

现当代思想家从很多方面对线性时间观念的弊端进行了揭示和批判，认为它是一种空间化的时间观念，是一种与人的本真生命相割裂的时间观念。在这样一种时间观念中，我们根本无法切近本真的生命。这是因为线性时间观念从一开始就与人的本真生命相割裂，它起源于犹太—基督教对时间的理解，兴盛于近代自然科学，特别是牛顿经典力学对时间的理解，而无论是它的起源还是它的兴盛都没有切近人的本真生命，即没有把时间与人的本真生命结合起来去理解，得到的是一种外在于人本真生命的时间。

（一）线性时间观：与人的本真生命相割裂的时间

犹太—基督教的出现标志着线性时间观的起步，对时间的线性理解是与基督教捍卫上帝绝对权威和自足性相关联的。为了使创造、堕落、拯救、基督降临等事件有其独特的价值和意义，基督教认为时间是有限和线性的。"它有一个明确的开端，即上帝创造世界并在创造世界的同时创造了时间。从基督教的主张来看，谈论开天辟地以前的时间是不可思议的：那将意味着上帝在时间之中，因而不是永恒。它也有一个明确的终结，尽管其具体日期只有上帝才知道（和开天辟地的时日不同）。那时，世界将不再存在，因而时间也将不再存在。"① 也就是说，一方面基督教肯定时间是线性的、有限的，是与古代循环论相反的时间观念；另一方面它以上帝为中心，是上帝创造的产物，而且只适用于神圣的历史而非世俗的历史。"基督教孜孜以求的灵魂得救，是与现世生活不同的来世生活，是不属于这个世界的上帝之国。因此线性的从时间的开端延伸到时间的终结的单向过程（unidirectional process）是属灵的，而不是属世的过程（mundane process）。在人的王国里，任何线性运动都不存在。世俗历史绝不是以耶稣为转折点的。耶稣献祭以后，世俗领域所发生的事件，还和以前一样，仍以同样的方式发生。战争与和平交相更替，

---

① 〔英〕格鲁内尔．历史哲学——批判的论文〔M〕．隗仁莲，译．桂林：广西师范大学出版社，2003：25.

一个个帝国兴衰荣枯，堕落的人类碰到的仍是一如往常的惩罚。"①
因此，线性时间观念从一开始就不是与人的现实生命相关联的，它
被创造出来也不是为了人的价值和意义，而是为了彰显上帝的价值
和意义。基督教的线性时间观念不具有世俗的性质，只具有属灵的
性质。在基督徒看来，世俗的事物都注定要灭亡，人类历史并不是
按线性的时间来运演的，世俗历史的过去、现在和未来总是一成不
变的。只有神圣的历史才具有价值和意义，才是必然走向某个终极
目标的定向过程。

近代社会继承了基督教对时间的线性理解，随着科学的发展和
生产的扩大，把时间理解成了一种客观的、外在于人的测量时间和
技术时间，一切都被填充在这种时间之中，一切也都以这种时间为
基点去理解。这种时间观充分影响了现代人的生存方式和思维方式，
并对社会历史的演变产生了巨大的作用，但是这种世俗化的线性时
间依然没有改变其遮蔽人本真生命的负面影响。因此，很多思想家
对这种空洞的、匀质的线性时间进行批判，希望确立一种新的时间
意识，从而达到恢复和切近人本真生命的目的。

本雅明通过反思进步观念与线性时间观念之间的密切关联指出，
要想对历史进步观念进行批判必须击中这种信条的理论基础，即线
性的时间观念。他说："人类历史的进步概念无法与一种在雷同的、
空泛的时间中的进步概念分开。对后一种进步概念的批判必须成为

---

①〔英〕格鲁内尔. 历史哲学——批判的论文〔M〕. 隗仁莲，译. 桂林：广西师
范大学出版社，2003：25-26.

对进步本身的批判的基础。"① 也就是说，线性的时间观念是进步观念的理论基础，对进步观念的批判要以对线性时间的批判为前提。由于近代的时间观是一种外在的客观时间，这种时间脱离了人的生存经验，成了独立的实体存在，过去、现在和未来之间是单向连续和不可逆转的。在本雅明看来，"历史进步观念把人类的生存和历史存在置于空洞的、匀质的、连续的，既没有倒流也没有脱节的客观线性时间观念中，抽象为前后相继、受因果规律制约的连续事件，它提供了一种永恒轮回的非历史的历史形象。在现代社会中，人类真实存在时间的实质内涵，已经被遮蔽在线性不可逆的、永远流逝的、空洞匀质的时间框架中。意义、真理和卓越丧失的时候，时间变成了中心因素，传统的'灵韵'已经不再出现在作品和人的生存中。历史进步观念轻易地允诺人类理性可以创造美好的未来，摒弃了未来混乱的可能性。"② 本雅明要打破这种连续的线性时间，用一种"当下"的弥赛亚时间来替代。在那种客观的、线性的时间中，过去、现在和未来是单向的、连续的和不可逆的，过去和现在的意义只能从虚幻的未来理解，这从根本上割裂了三者之间的内在关联。而在本雅明的弥赛亚时间中，过去、现在和未来之间则是相互勾连和难以拆解的，过去和未来就在现在之中，未来也在过去之中。如果说线性时间观念是把现在看成时间的核心，本雅明的时间意识则在强调当下的同时，更强调消除过去、当下和未来之间的距离。

---

① 〔德〕本雅明. 启迪：本雅明文选［M］. 张旭东，王斑，译. 北京：生活·读书·新知三联书店，2008：273.
② 纪逗. 历史的辩证意象——本雅明历史哲学思想的现实性［J］. 学术交流，2008（8）：1-2.

本雅明是要把过去、现在和未来从线性时间意识中爆破出来，把时间从空洞的形式转变为人类本真生存的"当下"时间，意义就蕴含在"当下"存在的每一点上。本雅明"当下"的时间意识不但意味着对线性时间和历史的打断，而且意味着每一瞬间都可以成为弥赛亚从中进入的狭窄门洞，因为这种时间既不雷同也不空泛，"而是说时间的分分秒秒都可能是弥赛亚侧身步入的门洞"①。本雅明这种"当下"的弥赛亚时间就是要超越流俗的线性时间观念，打断线性历史，而只有打断线性的时间才能打断线性的历史。线性的历史之所以必须被打断，是因为在本雅明看来，那种历史只不过是胜利者自己构建的历史，是一种虚假的历史。因为线性历史观没有意识到，每一座文明的丰碑同时也是一份野蛮暴力的记录。在线性时间观上的历史进步观念，不过是资产阶级为了自己的阶级利益而创造出来的产物。因此，所谓的线性时间观念、线性历史观念和历史进步观念都应该被打断和破除，因为它们无视历史中实际存在的废墟和碎片，是对受难者尸骸的漠视和不尊重，是对历史的歪曲，是试图用进步掩盖人们所经受的苦难和不幸。因此用新的"当下"的弥赛亚时间的意识来替代线性时间的意识，就成为本雅明对线性历史观和进步神话批判的一个理论基点。

我们可以从本雅明对线性时间观念的批判看到，批判它不仅仅因为它是线性历史观念和进步观念的深层理论基础，更因为本雅明认为，线性时间观念是一种雷同的、空泛的、与人的本真生存无关的独立实体，是资产阶级为了维护其阶级利益而建构出来的，在这

---

① 〔德〕本雅明. 启迪：本雅明文选［M］. 张旭东，王斑，译. 北京：生活・读书・新知三联书店，2008：276.

种线性的时间观念中，人的本真生命被遮蔽了。只有打破线性的时间观念和线性的历史观，作为真实的历史碎片才能被理解和拯救，所以在本雅明看来，只有那些被线性历史抛弃的人，如拾垃圾者、闲逛者才有可能切近本真的生存，因为他们跳出了空洞的线性时间所构成的框架。

（二）线性时间观：一种派生的流俗时间

如果说本雅明是希望通过对线性时间观念和线性历史观的爆破来为人的本真生存寻找一种可能性，海德格尔则是从存在与时间的关系，在更深的层面为切近人本真生命寻找可能的路径。也是在这一点上，他认为传统的时间观念包括线性的时间观念都是与人的本真生命相脱离的，不但没有彰显反而在某种程度上遮蔽了人的本真生命。

时间性是海德格尔《存在与时间》一书的主要论题，他在导论中论及探寻存在意义的方法时说："一切存在论问题的中心提法都植根于正确看出了的和正确解说了的时间现象以及它如何植根于这种时间现象。"所以"我们须得源源始始地解说时间性之为领会着存在的此在的存在，并从这一时间性出发解说时间之为存在之领会的视野"。① 海德格尔在论述此书的目的时说："具体而微地把'存在'问题梳理清楚，这是本书的意图。其初步目标则是对时间进行阐释，

---

① 〔德〕海德格尔. 存在与时间［M］. 陈嘉映，王庆节，译. 北京：生活·读书·新知三联书店，2006：21－22.

表明任何一种存在之理解都必须以时间为其视野。"① 也就是说，他对时间的理解是与对存在的追寻密切关联的，而且认为只有从时间性这一理论视角出发我们才可能领悟存在的意义。

海德格尔对时间的理解有什么独特之处呢？我们认为海德格尔在时间问题上的理解有两点是必须提及的：第一点，他是在此在的整体生存结构中去理解时间的，特别是在此在的"操心"结构中展开的；第二点，他对本真时间和流俗时间进行了区分，用"曾是—当下—将来"这一时间维度的动态结构代替了那种静态的"过去—现在—将来"的时间维度，时间的重心从"现在"转移到"将来到时"。正是由于对时间的这种独特理解，使海德格尔认为："从时间性上对持驻于自身的状态〔独立性〕与持驻于非自身的状态〔不独立性〕进行阐释就变得重要了。"② 也就是说此在的本真状态和非本真状态要从时间性上进行阐释。

海德格尔一生都在追寻存在本身，并认为传统形而上学所达到的只是存在者而非真正的存在，因此是对存在的遮蔽和遗忘。但存在总是存在者的存在，海德格尔认为自己追寻存在的方式是通过一种特殊的存在者即此在来达到的，这与传统哲学追问的方式不同。此在之所以特殊是因为其他存在者都是一种可规定的、现成的存在者，只有它是一种不可规定的、非现成的存在者。"此在是一种存在者，但并不是仅仅置于众存在者之中的一种存在者。从存在者层次

---

① 〔德〕海德格尔. 存在与时间 [M]. 陈嘉映，王庆节，译. 北京：生活·读书·新知三联书店，2006：1.
② 〔德〕海德格尔. 存在与时间 [M]. 陈嘉映，王庆节，译. 北京：生活·读书·新知三联书店，2006：379.

上来看，其与众不同之处在于：这个存在者在它的存在中与这个存在本身发生交涉。……对存在的领会本身就是此在的存在的规定。"① 因此，只能在此在这种特殊的存在者的身上才能逼问出存在。此在的存在方式是生存，这使得此在与时间性有了关联。需要明确的是，在海德格尔那里时间性不是此在的属性，此在就是时间性。通过此在逼问出存在，也就是通过时间性接近存在。

海德格尔从存在论上把此在的存在称作操心，操心具有三个环节，即领会、现身状态和沉沦。那么是"什么使此在的这一本真整体存在能够把分成环节的结构整体统一起来"？即"什么东西使操心的分成环节的结构整体之整体性在铺展开来的环节划分的统一中成为可能？"在他看来，"只有当此在被规定为时间性，它才为它本身使先行决心的已经标明的本真的能整体存在成为可能"，此在的存在整体性就是操心，而使操心之为操心可能的就是时间性，所以海德格尔说："操心的结构的源始统一在于时间性。"② 可见海德格尔的时间性是从此在的整体生存结构中得以展现的。

海德格尔的时间性与流俗时间不同。时间性在他看来并不是一种存在者，而只是"将来到时"，因此不能用那种由过去—现在—将来组成的时间之流来理解它，而必须从生存论存在论上来理解。而流俗时间就是按过去—现在—将来组成的时间之流来理解的，在流俗时间中"时间被当作一种纯粹的、无始无终的现在序列，而在这

---

① 〔德〕海德格尔. 存在与时间 [M]. 陈嘉映，王庆节，译. 北京：生活·读书·新知三联书店，2006：14.
② 〔德〕海德格尔. 存在与时间 [M]. 陈嘉映，王庆节，译. 北京：生活·读书·新知三联书店，2006：369－373.

种作为现在序列的时间中，源始时间性的绽出性质被敉平了"①，所以流俗时间只是一种常人的成见而不具有实际性内容。海德格尔认为，流俗时间不过是源始时间及时间性派生出来的，已经没有时间性所具有的绽出的性质。真正的时间应该是动态的时间性而不是静态的空间性，时间不是外在的、客观的东西，也不是一个现成的、不断流逝的存在者，因为时间根本不是存在者。"他指出，把时间看作一种纯粹的无始无终的现在序列，那是一种'流俗'的时间观。作为存在的根本方式的时间源始的本真的时间，就是不断涌现，不断'站出'，不断'出离自身'，不断'绽出'。而这种源始的本真的时间正与人的存在、与人的在世的生存过程结在一起。"②

海德格尔根据此在的生存本性，把时间的重心从现在转移到将来。此在作为能在，作为生存总是以将来为根基，所以在生存论上，此在生存的优先性就转化为将来在时间性上的优先性。海德格尔强调将来的重要性和优先性，实际上是继续坚持此在生存的优先性。此在的生存性就蕴含着将来，"而将来之为将来才使此在能够为其能在而存在。向'为它本身之故'筹划自身根据于将来，而这种自身筹划是生存论建构的本质特性。生存论建构的首要意义就是将来"。所以他说："源始而本真的时间性的首要现象是将来"，"将来在源始而本真的时间性的绽出的统一性中拥有优先地位③。"这样就打破了把现在作为优先性的线性时间之流。在那种时间之流中，现在是

---

① 〔德〕海德格尔．存在与时间［M］．陈嘉映，王庆节，译．北京：生活·读书·新知三联书店，2006：375.
② 黄颂杰．存在主义的时间论评析［J］．探索与争鸣，1992（6）：24.
③ 〔德〕海德格尔．存在与时间［M］．陈嘉映，王庆节，译．北京：生活·读书·新知三联书店，2006：375.

理解过去和将来的基点，过去是流逝的现在，将来是未到的现在。
而在源始的时间性中，"'将来'在这里不是指一种尚未变成'现
实'的，而到某时才将是'现实'的现在"，而且此在只有是将来
的，它才可能是曾在和当前。也就是说，曾在和当前都源自将来，
因此"我们把如此这般作为曾在着的有所当前化的将来而统一起来
的现象称作时间性"①。这样海德格尔就批判了那种作为现在序列的
一维时间观。

我们可以看出，海德格尔从时间与存在的关系上重新阐释了时
间性，也对传统的时间观进行了反思和批判，认为它是一种派生的
时间而不是源始的时间，是一种与人的生存本性无关的时间。

（三）线性时间观：一种空间化的技术时间

海德格尔在对现代技术本质的反思中也对时间的空间化进行了
批判，并认为西方传统的形而上学之所以是一种"在场的形而上
学"，就在于其诉诸的是"现在—在场"这一空间化的时间观，而
不是诉诸源始的时间性。因为在场只能在"现在"这种空间化的时
间中出现，或者更具体地说，现在就是在场。不过下面将重点涉及
柏格森对时间空间化的批判。

如果说在时间发展史上，奥古斯丁奠定了单向的、线性的时间
观念的理论基础，柏格森则是在科学技术占统治地位的时代里，第
一次对时间本身存在的问题进行了系统而深刻的反思，把时间问题
提升为哲学的主题。他指出了时间的绵延性和生命性，反思和批判

---

① 〔德〕海德格尔. 存在与时间 [M]. 陈嘉映，王庆节，译. 北京：生活·读
书·新知三联书店，2006：371－372.

了那种匀质的、空间化的时间，并对建立在那种时间观上的一切决定论进行了批判。柏格森在《时间与自由意志》的序言中明确地说道："我企图证明的是在主张决定论者和反对决定论者之间的一切讨论都表示他们曾事先把绵延跟广度，陆续出现跟同时发生，质量跟数量，混淆在一起。一旦把这番混淆去掉，则我们也许可以看出：人们对于自由意志所提出的反驳和所下的定义，甚至在某种意义上自由意志这个问题自身，都会随着消失。"①

在柏格森看来，时间可以分为两种，一种是本真的时间，即我们所直接体验的绵延和生命之流，这种时间是无法被度量和规定的；另一种是空间化的时间，是典型的技术时间，这种时间是一种抽象的和虚构的时间。他认为近代那种线性的、匀质的和量化的时间，就是一种空间化的时间，或者说是一种依附于空间的时间。这种空间化的时间所能给予我们的是一种规定的、量化的东西，时间本身的绵延性和意识性都被遮蔽了，这样作为与人的生命意识内在关联的本真时间就不可能被揭示和体验。

柏格森区分时间和空间涉及一个重要的概念——绵延，他认为时间是一种真正的绵延。虽然我们以前也认为时间的绵延性是其与空间的本质区别，但伯格森认为，传统上对时间的绵延的理解并不是真正的绵延，因为这种时间被理解为一系列匀质而独立的瞬间，在前后相续的累加中形成一维的连续序列。这种时间与现代钟表所表示的时间相似，都可以用一连串数字和符号加以刻画和标示，这种作为纯一媒介的时间与空间中的直线并无本质不同。因为"当我

---

① 〔法〕柏格森. 时间与自由意志［M］. 吴士栋，译. 北京：商务印书馆，1958：作者序言.

们谈论时间的时候，我们一般地想着一个纯一的媒介；而在这媒介里，我们的意识被并排置列，如同空间一样，以便构成一个无连续性的众多体。照这样解释的时间对于我们许许多多心理状态的关系跟强度对于某些心理状态的关系，难道不是同样的吗？即难道时间不是一个记号、一种象征，又绝对跟真正的绵延不相同吗？……真正的绵延难道与空间有任何关系吗？"因为如果时间被理解为这样一种纯一的媒介，时间就是可规定可计算的东西，是一种与数目有关的东西，而在柏格森看来，数目是与空间观念密切关联的，并以空间观念为基础才成为可能的。因此那种匀质的作为纯一媒介来理解的时间不可能是真正的绵延，只不过是一种空间化的时间。"那么，在这种情况下，我们可以认为这是没有问题的：倘若我们把时间解释为一种媒介并在其中区别东西和计算东西，则时间不是旁的而只是空间而已。可以证实这种意见的有这个事实：我们不得不借用种种有关空间的影像，以使我们能描述意识对于时间，甚至对于陆续出现有着怎样的感觉。"① 真正的绵延必定与此不同，它应该是纯粹意识的连续流变，在每一瞬间都处于一种纯粹质的流变中，是绝对不能规定和度量的。而且真正的绵延是一个不可分割的整体，每一瞬间都彼此融合在一起、难以分解，在这一整体中，现在、过去、未来三者互相包容，现在蕴含着过去又预示着未来。因此真正以绵延为本质的时间是一种质的流变，具有意识性和整体性。只有空间才是纯一的，绵延则是性质式的。所以柏格森认为："时间既被人们设想为一种没有止境的纯一媒介，那它就不是旁的，而只是空间的

---

① 〔法〕柏格森. 时间与自由意志［M］. 吴士栋，译. 北京：商务印书馆，1958：67.

鬼影在思索意识上的作祟。"①

在柏格森看来，空间化的时间不过是一种科学化和物质化的时间，是为了满足近代科学技术的实施而创生出来的。虽然这种空间化的时间无视人的生存意识，却是科学得以建立的条件。因为科学无法处理真正的时间，除非它能从时间中去除绵延而代之以空间。柏格森认为时间作为绵延只属于有意识的心灵，意识通过记忆保持事物的先后状态，并使其构成一定的秩序，才使时间观念得以产生，而外在的物质世界并没有真正的时间观念，有的只是我们可以直观到的空间观念。一旦我们有了空间的观念，就不自觉地用于理解意识状态，从而割裂那些原本互相渗透的意识，并把它们在空间中并列排置，形成所谓的先后序列，并称之为时间。这种时间已经不再是真正的时间，空间的同时性替代了意识的先后性。总之，柏格森认为线性时间观是一种空间化的时间观，是"去时间化"的时间观，它只不过是我们用空间观念改造意识状态形成的，它去除了意识的绵延性，形成了匀质的纯一媒介，然后投射到外部世界，并称之为客观时间。这种时间失去了时间的本真性质，而具有了空间的性质。

柏格森通过对真正绵延的阐释，来重新理解真正的时间，用以走出传统那种对时间空间化理解的误区，进而为理解人的生命和自由提供可能性的空间。

以上我们主要是分析和阐述了现当代思想家对线性时间的批判，而由于进步观念的确立离不开这种时间观念，所以上面的批判也是从更深的层面来揭示进步观念的内在缺陷。

---

① 〔法〕柏格森. 时间与自由意志 ［M］. 吴士栋，译. 北京：商务印书馆，1958：73.

三、对其作为客观规律的批判

传统进步观念如果说在其刚刚产生时还只是被当作一种乐观的信念，那么启蒙运动以后，特别是随着进步观念作为一种占主流地位的历史观的确立，进步观念已经成为一种客观规律被人们认知和遵从了。近代思想家认为，人的理性可以保证和引导人类逐渐消除一切苦难和不幸，人类社会和历史的进步是客观的、必然的、无限的，也是不可逆转的。

法国思想家方特奈尔早就指出，人类的进步具有一定客观必然性，虽然他所言的进步更多地是指人类知识和智力的进步。后来杜尔阁把进步观念扩展为人类历史的普遍进步，并为它寻求客观性的保证，而他的朋友孔多塞则直接把进步观念作为一种客观规律进行阐述。孔多塞《人类精神进步史表纲要》一书的主要目的就是要揭示人类历史是一个进步的历史，进步对我们而言是一种普遍的和客观的规律。在他看来，只要地球存在，宇宙规律不发生颠覆，那么人类的进步就是必然的和不可阻挡的。而对圣西门来说，其理论目标就是要寻求必然的、客观的进步规律。这一进步规律对人类历史行程的决定作用就像万有引力对自然界的决定作用一样，都是不以人的意志为转移的。按照圣西门观点："我们所能做的，就是认识这一规律，遵循这一规律，按照这一规律办事，而不是盲目地受其支配。"他把这一规律称为"我们真正的上帝"。① 历史的进步在孔德那里，仅仅是普遍的社会物理学秩序的一部分，这一必然的秩序不断保证着自然及社会的"进步"。对他而言，进步与社会物理学中的秩序密不可分，或者说进步就是社会物理学的一个普遍必然的秩序。像孔德一样，斯宾塞也认为，进步不仅支配着人类社会，也支配着宇宙万物，因为进步在逻辑上是确定的。

因此对很多近代思想家而言，进步不是一个存在与否的问题，而是已经成了一个毋庸置疑的前提，他们所要考虑的仅仅是进步的样式或动力等问题。对当时的大众而言，他们已经习惯于认为人类历史必然进步，并且注定要一直进步下去，这是任何力量都无法阻止的。"一个在启蒙运动时期尚处于朦胧状态的问题在 19 世纪的进步形态中已经变得非常明朗化了，即在社会进步面前，个人没有太多的选择。文明社会在社会和经济进步的带动下变得越来越庞大、复杂和无情，这一变化过程本身是由包括'进步'在内的某种看不见的必然规律支配着的，个体则是它的产物。人们无力摆脱这一过程的支配，去做奴隶还是去做伯利克里斯那样的贵族，或者试图恢复过去时代人们所拥有的那些美德。人完全成了'吱嘎'前行的历史之轮上的一根发条。"② 进步对近代人而言，不再是理性的设定，而是一种普遍的和客观的规律，就像自然规律支配着自然界一样，进步规律支配着人类历史的演变。

---

① 〔美〕阿瑟·赫尔曼. 文明衰落论：西方文化悲观主义的形成与演变 [M]. 张爱平，许先春，蒲国良，等，译. 上海：上海人民出版社，2007：36.
② 〔美〕阿瑟·赫尔曼. 文明衰落论：西方文化悲观主义的形成与演变 [M]. 张爱平，许先春，蒲国良，等，译. 上海：上海人民出版社，2007：32－33.

　　把进步观念当作一种普遍的、客观的、必然的规律来理解，在当时就遭到一些思想家的反对。柯林伍德认为，"'进步的规律'这一概念——即历史的进程是这样地被它所支配着，以至于人类活动前后相续的各种形式的每一种都显示出是对于前一种的一次改进——因此就是纯属一种思想混乱，是由人类对自己超过自然的优越性的信念和自己只不过是自然的一部分的信念这二者之间的一种不自然的结合而哺育出来的。如果其中一种信念是真的，另一种便是假的；它们不可能被结合在一起而产生出逻辑的结果来"，"所以历史的进步这一概念本身也就是毫无意义的"①。也就是说，进步观念作为规律不过是我们对人类历史运演的一种设定，而且是一种草率的设定，自身的合法性是十分值得质疑的。

　　本雅明在《历史哲学论纲》那篇文章中专门批判过进步规律。他说："社会民主主义的理论和实践都是围绕着'进步'概念形成的。但是这个概念并不是依据现实，而是因之造出了一些教条主义的宣言。社会民主党人描绘的进步首先是人类自身的进步（而不仅是人的能力和知识的增长）。其次，它是一种无止境的事物，与人类无限的完美性相一致。再次，它是不可抵抗的。它自动开辟一条直线的或螺旋的进程。"② 在他看来，所有这些关于进步的论断都是没有客观根据的，都只不过是一种教条主义的宣言而已，都可以通过对线性时间观的批判进行解构和颠覆。如果进步观念被看作历史演

① 〔英〕柯林伍德. 历史的观念［M］. 何兆武，张文杰，译. 北京：商务印书馆，1997：443.

② 〔德〕本雅明. 启迪：本雅明文选［M］. 张旭东，王斑，译. 北京：生活·读书·新知三联书店，2008：273.

变的规律，历史就是一个连续的统一体，有一个内在的主线在支撑着历史，所谓万变不离其宗，那么我们也就无法打破历史的统一体，进而无法脱离那种空洞的、雷同的、匀质的线性时间。因此，对本雅明而言，说历史遵循一种进步的客观规律，这是一种历史主义的陷阱。

对进步作为客观规律的批判最为深刻的应该是波普尔和伯林，他们都是从批判历史中存在所谓的客观规律入手的，而这对把进步理解为人类历史演变的规律而言是致命的。因为如果人类历史根本就不存在所谓的客观规律，那么说进步是一种客观规律就是没有意义的胡言乱语。虽然他们二人都是对历史客观规律进行批判，但切入的途径却是不同的。

波普尔是从对整个历史主义的批判入手来消解人类历史的客观规律的。历史主义在波普尔那里不同于我们一般意义上所理解的那样。"在传统的历史主义者那里，所谓历史主义就意味着：历史的意义一般地是可以，或者是应该以某种法则或规律加以解释的。同时，每一种世界观也都是历史地被限定的、被制约的，因而是相对于其时代的。传统的历史主义者又大多认为，历史学对经验事实的研究和推论方式是不同于自然科学的。"而波普尔对历史主义的内涵进行了严格的限制，他把历史主义限定为历史决定论，"也就是说，历史主义一词指的是这样一种观点：历史的行程遵循着客观的必然规律，因而人们就可以据之以预言未来。所以他使用历史主义一词是指那种根据客观的历史规律解释过去并从而预言将来的历史观。"[①] 对波

---

① 〔英〕卡尔·波普尔. 历史主义的贫困 [M]. 何林，赵平，等，译. 北京：中国社会科学出版社，1998：143.

普尔而言，反对历史主义就是反对历史决定论，反对历史中存在客观规律。

在波普尔看来，历史主义的中心观点就是依据人类历史演变的规律来预测历史的未来。因此在人类历史中寻找客观规律就是历史主义的一个主要任务，而就人类历史中存在规律而言，则是无可置疑的理论前提。但波普尔认为，正是这种无可置疑的前提是需要我们重新反思的。历史中存在的只是冗繁复杂的事件，这些事件并没有一个所谓的单一的规律在支撑着，整个人类历史的演变也不是受某一个规律所支配的。我们在历史中无法找到那种在自然界中存在的普遍的、客观的规律，最多能得到一种关于历史发展趋势的假说和阐释，而这都不具有必然的决定性，所以称不上是历史的规律。他引用费希尔的话说："'人们……在历史中辨识出有一种布局、一种节奏、一种前定的模型。……而我只能看到一件事伴随着另一件……若是只有一桩伟大的事实，既然它是独一无二的，所以对于它就不可能有什么概括化……'"① 也就是说，我们只能得到关于历史事件的单一陈述，而无法对社会总体的运动有一种概括化的认知。因为"社会运动观念的本身——即社会也像一个物体，可以作为一个整体沿着一定的路径、朝着一定的方向运动（传统历史进步观就是这样来理解人类历史的运演，即认为人类历史作为一个整体沿着不断改善的路径前进。——引者注）——纯粹是一种总体论的思想

---

① 〔英〕卡尔·波普尔. 历史主义的贫困 [M]. 何林，赵平，等，译. 北京：中国社会科学出版社，1998：96.

混乱"①。

　　总体论也是波普尔批判历史决定论的一个切入点。他认为总体论思维方式是一种"前科学"思维方式，是对历史整体的一种"误解"。它强迫我们去做一种在逻辑上根本不可能的事情，"亦即要建立和指导整个社会体系并规划全部的社会生活，那就纯粹是以使空想的计划成为不可避免的那些'历史力量'和'迫在眉睫的发展'来吓唬我们的一种典型企图"②。认为我们会发现历史整体演变的规律，那只是总体论思维方式一种误解的产物。波普尔认为："希望我们可能有一天也会发现'社会运动的定律'，正好像是牛顿发现了物体的运动规律那样；那就尤其是这类误解的产物。"③ 社会历史中并不存在那样的规律。历史主义者是把观察得到的一种关于历史发展的趋势误解为历史发展的规律了，从而把自己引向了一种非科学的境况。趋势与规律的不同，在于趋势是有条件的，而规律在其范围内是绝对无条件的。所以，"我们可以说，这是历史主义的中心错误，它那'发展的规律'变成了绝对的趋向，这些趋向就像规律一样，并不有赖于初始条件，并且它们带着我们不可抗拒地朝着某种方向走入未来。它们是无条件的预言的基础，而与有条件的科学预告相反"④。在此基础上，波普尔对那种把进步观念作为人类历史演

① 〔英〕卡尔·波普尔. 历史主义的贫困 〔M〕. 何林，赵平，等，译. 北京：中国社会科学出版社，1998：100.

② 〔英〕卡尔·波普尔. 历史主义的贫困 〔M〕. 何林，赵平，等，译. 北京：中国社会科学出版社，1998：73.

③ 〔英〕卡尔·波普尔. 历史主义的贫困 〔M〕. 何林，赵平，等，译. 北京：中国社会科学出版社，1998：101.

④ 〔英〕卡尔·波普尔. 历史主义的贫困 〔M〕. 何林，赵平，等，译. 北京：中国社会科学出版社，1998：113.

变规律的认识进行了深刻的批判。他批判了孔德和穆勒的历史相继规律，即认为历史事件在时间的参与下遵守单一的规律，按次序展开。说历史存在相继规律，就意味着"企图通过对一般历史事实的研究与分析去发现……进步的规律，而这一规律一旦确定，就必定能使我们预见未来的事件，正如通过代数学中一个无线级数的少数几项，我们就能够测出这个级数构成的规则性原理，并预言这个级数的其余部分一直到我们所高兴要的任何一项"。① 波普尔认为穆勒对历史相继规律虽然持谨慎的态度，但当他认为历史演变的趋势是一种不断改进的趋势，是一种朝着幸福和美好状态进步的趋势，并认为这是一条科学的定理时，进步在他那里依然具有规律的必然性，这与孔德的进步规律并没有实质上的区别。波普尔认为孔德和穆勒关于历史进步的规律学说"并不比一堆引用错误的隐喻更好一些"。因为历史中根本不存在什么相继的规律，当然更谈不上有什么进步的规律。

孔德和穆勒所坚持的进步是一种绝对的、无条件的历史演变规律，而这种进步规律又是与人性的规律密切关联的。因为孔德相信，"进步的规律可以从人类个体中的一种倾向里面推导出来，即那种驱使他们越来越完善自己本性的倾向。在这一点上，穆勒完全追随着孔德，力图把他那进步的规律归结为他所称之为的'人类心灵的进步性'"②。波普尔则认为，仅有一种人性的根据还不足以设想一种

---

① 〔英〕卡尔·波普尔. 历史主义的贫困 ［M］. 何林，赵平，等，译. 北京：中国社会科学出版社，1998：103.

② 〔英〕卡尔·波普尔. 历史主义的贫困 ［M］. 何林，赵平，等，译. 北京：中国社会科学出版社，1998：134.

进步的规律，因为进步依赖很复杂的因素和条件，这些东西是无法用一种单一的逻辑进行规定的。我们虽不能否认进步观念的确立及其传播对我们人类历史的演变有重要的影响，但这并不能保证进步具有一种客观的必然性和规律性。而且在波普尔看来，"进化与进步的主动力乃是可供选择的材料的多样性"①。而理性的进步观就在于对人性的改造，消除人的差异性和自由性，要求一种历史总体论的进步，而这也就意味着进步的消解和终结。

伯林对历史决定论和历史规律说的批判主要体现在《历史的不可避免性》那篇文章中。文章一开始，伯林引述了伯纳德·伯伦逊关于"偶然性的历史观"思想。"偶然性的历史观"是对"必然性历史观"——即认为历史受规律的支配因而信仰历史的不可避免性——反思的结果。伯纳德·伯伦逊把关于历史不可避免性的学说看作"吞噬我们的摩洛神"，他说："我越来越不相信这些十分可疑、十足危险的教条，它们趋向于使我们把所发生的任何东西都视为不可抵挡的，反对它也是十分愚蠢的。"② 伯林对此观点表示赞同，并认为这种对历史不可避免性学说的反思和批判是"特别合乎时宜"的。在他看来，历史不可避免性的学说具有传统形而上学的倾向，这种学说既模糊了论题又包含着谬误，对人类的生活有极大的负面影响，必须对之进行仔细的考察，以揭示其内在的矛盾，从而消解这一学说的合法性。

---

① 〔英〕卡尔·波普尔. 历史主义的贫困 [M]. 何林，赵平，等，译. 北京：中国社会科学出版社，1998：139.

② 〔英〕以赛亚·伯林. 自由论 [M]. 胡传胜，译. 南京：译林出版社，2003：104.

　　伯林认为"历史的不可避免性"学说，是对人类历史的演变做一种非人的解释。因为支配和控制历史变化的力量是一种超出个体控制的力量，只有这样历史才具有不可避免性。这些力量在不同的思想家那里可能理解不同，可能是自然意图、绝对精神、阶级、民族、理性、时代精神，等等，但究其实质并无太大的区别。因为要想坚持历史的不可避免性，就需要把历史发展的最终决定力量归结到这些"超人的"或"非人的"实体上来，只有这样才能消灭偶然性对历史演变的阻碍或影响。对持这种观点的人而言，人类历史中的"每件事物都因为历史机器自身的推动而成为其现在的样子，也就是说，它们是受阶级、种族、文化、历史、理性、生命力、进步、时代精神这些东西推动的。我们这种被给定的生活组织是我们无法创造也无法改变的，它，也只有它，最终对一切事物负责"①。因此，寻找历史的规律和模式对这些人而言就极为重要，没有历史的规律和模式，他们就无法为历史寻找一个统一和必然的解释，就无法理解一件事产生及消亡的必然性。从这一点上，这些人会认为，理解和解释历史就是发现历史中存在的客观规律和模式。但这种认为历史的进程具有不可避免性，历史变化遵从一定客观规律的观点，在伯林看来不过是一种形而上学与科学主义的混合产物，所以他说："历史自然或超自然的规律，人类生活的每一个事件都是自然模式中的一个因素，这种观念具有深刻的形而上学起源。"②

---

① 〔英〕以赛亚·伯林．自由论［M］．胡传胜，译．南京：译林出版社，2003：114.
② 〔英〕以赛亚·伯林．自由论［M］．胡传胜，译．南京：译林出版社，2003：115.

在伯林看来，认为历史存在固定规律和模式的思想是一种误解，一种把游戏当作现实的误解，这种误解最终会消除人的责任和自由。因为"认为存在着模式和历史的基本节律，即某种创造了所有存在也给予它们以合理性的东西——所有这些，都是太把游戏当真，以致将游戏当作现实的关键。这无疑是想让人接受这样一种观点：个人责任的观念'最终'是一种错觉。无论以多么有创造性的努力去重新解释这种饱受折磨的表述，都不能在目的论的体系中恢复它正常的意义，即回到自由选择的观念。木偶们也许意识到这是一个他在其中被分配有角色的不可避免的过程，并愉快地认同于这个过程；但它依然是不可避免的，而他们仍然是牵线木偶"。伯林要求我们对一些概念的运用——客观规律、客观模式、必然性、不可避免性，等等——一定要谨慎，如果要求人、特别是个体为这些概念而牺牲，那就是在遭受一种致命的欺骗。他说："历史的'节奏'是存在的，但把它们说成'不可改变的'，则是一个人状况险恶的表现。文化拥有模式，时代拥有精神；但是把人类的行动说成它们的'不可避免的'后果或表达，则成了误用词语的牺牲品。没有一种公式既可以保证我们成功避免以想象力与支配占有世界，又可以保证我们成功地避免把一切还原为可以识别的男男女女在特定时空里可以实证的行为。我们也许只能指出这些危险的存在，我们只能尽力在斯库拉与卡律布狄斯之间航行。"①

另外，伯林认为，历史不可避免性的学说既可以归为科学主义也可以归为形而上学的原理，二者并不是水火不容，而是可以共处

---

① 〔英〕以赛亚·伯林．自由论［M］．胡传胜，译．南京：译林出版社，2003：118.

的。说它是科学主义，是因为对那些坚持此学说的人来说，"世界具有某种方向并受规律支配；通过运用适当的研究方法，这种方向与这种规律在某种程度上是能够发现的；更进一步，只有那些认识到个体的不管是精神方面还是物质方面的生活、性格与行动受他们所属的更大'整体'支配的人，才能把握这些规律的作用；正是这些'整体'的独立演化，才构成所谓的力量，而真正根据这些力量的方向，真正'科学的'（或'哲学的'）才能被阐明。"① 历史学要想成为一门科学，就必须要有一些基本的公式或模式能解释人类历史的过去、现在和未来，具有不可避免性的历史才是历史学的研究对象，历史科学就是要发现历史中的规律和真理。说它是形而上学原理，是因为所谓历史不可避免性学说，总是用一种非现实的因素、非人的实体来解释和规定历史，完全无视人类历史的复杂性和偶然性。也正是如此，伯林反对历史的客观性，他说："反对历史客观性观念的情形很像反对国际法或国际道德的情形：它是不存在的。还不仅如此，这个概念本身就是没有意义的，因为我们用以衡量事物的最终标准，根据其定义本身是不能为任何别的东西所衡量的。"②

对伯林而言，如果历史的不可避免性是一种虚幻的学说，有着逻辑上的困难，那么当有人告诉他，进步是历史的客观规律时，他将不会再对这一理论进行刻意的批判，因为对他来说，已经从根源上批判了那种坚持历史具有客观模式和规律的理论，作为其中的一

---

① 〔英〕以赛亚·伯林. 自由论 ［M］. 胡传胜，译. 南京：译林出版社，2003：127.
② 〔英〕以赛亚·伯林. 自由论 ［M］. 胡传胜，译. 南京：译林出版社，2003：153.

个变种也自然在其批判的靶子之内了。

本节我们主要是分析和阐述现当代一些思想家对历史规律和作为历史规律来理解的进步观念的批判，从而使得在现当代的理论视野中，进步观念很难再被当作人类历史运演所必然遵循的一项稳定法则和客观规律来对待。

四、对其沦为意识形态的批判

其实当我们论述了进步观念作为宏大叙事和客观规律后，就很容易理解为什么现当代思想家会把进步观念作为一种意识形态来批判了。这里所说的意识形态主要是作为一个贬义词语来使用。根据卡尔·曼海姆对意识形态的界定，我们是在使用意识形态这一术语的特殊含义。曼海姆说："当'意识形态'这一术语表示我们怀疑我们的论敌所提出的观点和陈述时，这一概念的特殊含义便包含在其中。那些观点和陈述被看作是对某一状况真实性的有意无意的伪装，而真正意识到其真实性并不符合论敌的利益。"① 说进步观念是一种意识形态，主要是强调进步观念被一些个人、群体、政党或国家作为一种意识形态来为自己的统治辩护，使人们迷失在理论的迷宫内而看不到现实的非法性。现当代思想家也正是针对这一点，对进步观念进行了猛烈的抨击，力图撕碎进步观念这件被看作遮蔽在残酷现实上面的华丽外衣，使人们真正认识到那些个人、群体、政

---

① 〔德〕卡尔·曼海姆. 意识形态与乌托邦〔M〕. 黎鸣，译. 北京：商务印书馆，2000：56.

党或国家的丑恶嘴脸。因此对进步观念的批判也就是对统治阶级意识形态的一种批判，在此，进步观念就是一种意识形态，一种可以麻痹人们的心灵，使其不能清醒地意识到自己被欺骗的意识形态。批判和揭示进步观念的虚幻性，就是要撕去了统治阶级为自己寻找的一块遮羞布，使人们认识到现实的残酷性。

对进步观念作为意识形态的批判，最为重要的一个思想家是索雷尔。在他看来，进步观念在本质上是一种保守而非激进的力量。因为他从进步观念中看到的不是一种批判和革命的意蕴，而是一种为统治阶级的残酷统治辩护的理论旨趣，是对现实状态的扭曲。观念只有在接近现实时才是真实的，而扭曲和掩盖现实的观念都是一种虚假的意识形态。当进步观念被用来为社会中某个特殊的政党、群体的利益辩护时，它就已经成了一种意识形态。"当历史的进步不仅被用来解释观念，而且转而反对观念时，即使是观念的暂时效力也被削弱了。因为如果观念仅仅是对利益的辩护和对剥削有意识的合理化，那么观念就不仅成为暂时的，而且被弃置一边；如果辩护者的真实面目将被揭示出来，观念就成为要被撕去的面具。观念于是由暂时的解释变为虚假意识，又由虚假意识变为无意识的谬误。"① 索雷尔就是要撕去作为意识形态的进步观念的假面具，进而揭穿资产阶级统治将永恒长存的谎言。在他看来，进步观念作为意识形态不过是近代资本主义的一种产物，不过是资产阶级为了给自己的统治"正名"的一个创造，所以他要通过追溯进步观念背后的利益关系和权力关系，来摧毁这一资产阶级的谎言，进而实现对资

---

① 〔法〕乔治·索雷尔. 进步的幻象［M］. 吕文江，译. 上海：上海人民出版社，2003：英译者导言28.

产阶级和资本主义社会的批判。

"索雷尔知道进步观念发轫并且盛行于一个技术性的时代，但是他也意识到这一观念远远超乎更有效率地建造铁路或者扩充更有效率的生产手段。因为他正确地考虑到进步观念是那个时代一种居主导地位的意识形态或（贬义上的）神话———一种具有深远政治后果的意识形态。"因为现代的进步观念已经不仅仅是单纯的技术改造和革新，也不仅仅是一种自然倾向，而是一种历史观，一种哲学思想。"因为在索雷尔的时代，甚至在今天，进步观念既是一种历史发展的规则，一种历史哲学，作为其结果又是一种政治哲学。它将对历史的一种描述性分析与一种认为这种发展是正确与善良的哲学立场结合起来，而且像我们将要看到的，这种立场被用于政治目的。"① 在持进步观念的思想家那里，进步是社会全体的进步，是道德、经济、文化、政治等作为相互关联的整体的进步。在现代，进步与历史几乎就是同义。这样的话，进步观念就很容易被当作一种意识形态而被别有用心的个人、群体、政党或阶级所利用。

罗伯特·尼斯比特在《进步的幻象》一书的英译本序言中说："斯坦利告诉我们，索雷尔的目的与其说在于处理进步的观念，不如说在于同资产阶级进行较量，他借攻击这一观念来攻击资产阶级"，所以他提醒我们注意"一个关键之处——这一点在斯坦利评论索雷尔的导言以及索雷尔文本的最后几页很清楚——在于索雷尔厌恶的

---

① 〔法〕乔治·索雷尔. 进步的幻象［M］. 吕文江，译. 上海：上海人民出版社，2003：英译者导言 10－12.

与其说是*进步*的观念，不如说是进步的*观念*（斜体为引者标注）。"①
索雷尔是用一种意识形态的方法来批判作为意识形态的进步观念的，
这种所谓的意识形态的方法，就是要揭示一切思想和观念的真实基
础。他通过这种方法揭示进步观念作为一种意识形态已经与"行动"
和"道德"分割开了，而被特定的群体、政党或政府拿来利用。对
信奉进步观念的人来说，进步不再是社会历史某一方面的进步，而
是社会历史一切领域整体的进步。这对索雷尔而言，不过是更清晰
地表明了进步观念所蕴含的社会一体性的虚假意识，正是这种一体
性使得进步观念成为资产阶级所构建的上层建筑的一个组成部分。
"索雷尔试图证明进步涵盖资产阶级社会的各种建制，它使得这些建
制包括、因而也支配社会中种种互不相干的要素，使其貌似一个整
体。进步并不代表事物的自然秩序，它实际上是现代支配建制的意
识形态的组成部分。"② 在他看来，首先，进步观念作为支配社会建
制的意识形态表现在它的连续性，即进步观念必然蕴含的连续性加
强了而不是削弱了旧制度下确立起来的建制，我们看到的不过是形
式的变换，其实我们所受的压制性不是削弱了，而是强化了。其次，
进步观念作为某一时期统治阶级的意识形态不但掩盖统治的残酷性，
而且会美化统治阶级的真实意图。最后，进步观念还会成为一种保
守主义和无为主义，因为如果历史的进步是不可避免的，那么就无
所谓历史的反动者，我们的行动也就显得没有任何价值。所以，索

---

① 〔法〕乔治·索雷尔. 进步的幻象［M］. 吕文江，译. 上海：上海人民出版
社，2003：英译者序言10－12.
② 〔法〕乔治·索雷尔. 进步的幻象［M］. 吕文江，译. 上海：上海人民出版
社，2003：英译者导言34.

雷尔认为："进步既是一种意识形态，同样也是人类发展的一项总体'法则'；由此它就是对人类心智的一种理性主义的建构，强加了一种有关社会本身中的一体性的虚假意识。"①

对索雷尔而言，进步观念已经成为合法的借口，在这一借口下，激进分子和保守分子都可以为自己的行为辩护。激进分子会以彻底扫除历史进步的障碍为借口，把暴力革命变为一种合法的武器，作为实现自己利益和统治的手段。然而，"索雷尔认为这些激进分子绝对不是对变革事物的秩序发生兴趣，他们仅仅想在原有的秩序中为自己占据一个位置。他们要的是权力，而不是一个更公正的社会；或者至少可以说他们把个人的胜利混同于社会革命的胜利，而事实上他们的成就却主要从强化原有秩序而来"②。也就是说，那些激进的个人、群体或政党是打着推动历史进步的旗号来实现自己的特殊利益，并用进步观念来粉饰自己不可见人的私欲。在这里，进步观念成了他们的一种武器，一种批判的武器，在这一武器的支持下，他们对任何阻碍历史进步的力量进行彻底的摧毁，剥削和压迫另外一些个人、群体、政党或阶级，甚至对他们进行肉体上的奴役和消灭都是合法的，因为他们阻碍了历史的进步。索雷尔深刻地指出了这些激进分子的丑恶性和虚伪性，认为他们之所以要求破坏和摧毁现行的体制，主要是因为他们无法在这一体制中占据统治地位，无法充分实现自己的私欲，他们最终的目标不是建立一个公正无私的

---

① 〔法〕乔治·索雷尔. 进步的幻象［M］. 吕文江，译. 上海：上海人民出版社，2003：英译者导言37.
② 〔法〕乔治·索雷尔. 进步的幻象［M］. 吕文江，译. 上海：上海人民出版社，2003：英译者导言9.

社会，而是要使社会体制的运行有利于他们私欲的实现。说他们虚伪，是因为他们用一种高尚的观念即进步观念来为自己的丑恶目的遮羞。进步观念成了他们要变身为统治阶级，实现自身私欲的一块遮羞布，也成了他们宣传的一种理论工具。在索雷尔看来，他们与原来的统治阶级并无本质的区别，只不过他们取代了他们敌人的位置，他们并没有消除社会的不幸与苦难，反而在某种程度上加剧了社会的悲惨程度，因为他们为了自己的统治强化社会体制的严密性，提高了控制力度。

当进步成了一种客观规律，是历史演变必然遵循的模式时，人类也就无法摆脱一种进步的命运。这种不可避免的进步命运进而产生一种超乎寻常的乐观主义，对进步观念最为信服和论证最为详细的孔多塞就描述一幅人类历史进步的乐观前景。他说："因而，这个时刻将会到来，那时候太阳在大地之上将只照耀着自由的人们，他们除了自己的理性而外就不承认有任何其他的主人；那时候暴君和奴隶、教士极其愚蠢而虚伪的工具，除了在历史之中和舞台之上而外就将不再存在；那时候除了惋惜他们的那些受难者和受骗者而外，人们就将不再关怀他们；并在理性的压力之下人们就学会了识别和扼止迷信和暴政的最初的萌芽，假如它们胆敢一旦卷土重来的话。"① 正是这种以进步观念为支撑的超乎寻常的乐观主义成了统治阶级粉饰其阶级统治的工具，"通过在所有领域一起涌现，进步就意指着人类的历史；通过成为线性的，这种推进就变作无限好的；通过成为无限好的，它就强化了历史本身，从而使得'历史'成为政

---

① 〔法〕孔多塞. 人类精神进步史表纲要［M］. 何兆武，译. 北京：生活·读书·新知三联书店，1998：182.

治合法性的一种来源"①。这是因为，只要历史在本质上还是一种循环的或者退步的观点，就不能给某一政权或统治阶层赋予合法化的外衣。因为循环的历史观和退步的历史观，都意味着在历史的未来灾难必然出现，如果某一政党或政权的统治最终必然带来一种灾难，或者说无法改变人类的苦难和不幸，这一政党或政权的统治就不能被赋予合法性和正当性，更不能说它们的统治具有历史必然性。在进步观念为历史观的时代，进步与历史是等同的，历史本身的存在就是进步的逻辑展现，这就可以成为统治阶级进行统治的一种合法化的借口，因为历史是在它们的统治之下持续存在并不断进步的，那么统治的合法性和正当性就是不言而喻的。

只有从一种进步观念的观点来看，历史才具有仁慈的性质，才具有独立客体的品质。因为只有一种不断进步的历史，时间和未来对人类而言才是可期待的。如果历史是一种循环或者退步的，那么时间和未来对人类而言就是不可忍受的，它们就像一个黑洞在不停地吞噬着人类的希望。正是进步与历史的等同，历史第一次获得了一种道德、仁慈的性质。但也"正是在这一点上，历史的思想开始越来越强烈地支配起政治话语：如果某一政府是实在的，它就被视作历史事件，视作历史发展的'产物'；如果'历史'是仁慈的，那么政权也是如此。作为'历史'的一个产物，它就成为眼下可能的最好政权，而最好的政权（对比与眼下可能的最好政权）成为历

---

① 〔法〕乔治·索雷尔. 进步的幻象［M］. 吕文江，译. 上海：上海人民出版社，2003：英译者导言22.

史进程的目的"①。这样现实的政权就被论证成为眼下最好的政权，因而就是我们所无法拒绝的政权了。

历史与进步等同也意味着，历史不再是充满偶然性的各种事件的堆积，而变成一个趋向美好目标、不断进步的过程，这一过程使得所有的历史事件都能得到合法性和必然性的解释，历史在我们眼中就具有自身的整体性和根据性，这对我们从另外的视角理解历史和历史事件是很有益的。"但是当'历史'的观念变成线性的并且伴以无限的提升，悲剧就被完美化路途中的一系列微小倒退所替代。英雄被'理性'或'世界性历史人物'所置换，世界性历史人物不是通过伟大的作为而是通过把握历史必然性的能力成其为伟大的。神秘莫测的命运被代之以'历史'，一种其间任何事情都已被解释或可以被解释的历史。悲剧可以被解释为更宏大的历史实现计划中的合理（必然）组成部分。"在一个进步等同于历史的时代，历史中的一切悲剧和暴行都能为自己找到辩护的理由。而且"在一个悲剧可以变作合理、一切都能被解释的世界，真理就具有了一种辽阔的整体品质。通过成为历史性的，真理就成为一个广阔连续谱的组成部分，而这一连续谱通过将同一条线的两端置于过去与未来之间，模糊了实然与应然之间的差别"②。正是利用历史的进步来模糊实然与应然的差别，进步观念成了统治阶级愚弄被统治阶级的一种意识形态，把自己的统治这一不合理的现实状态，装扮成具有历史必然

---

① 〔法〕乔治·索雷尔. 进步的幻象［M］. 吕文江，译. 上海：上海人民出版社，2003：英译者导言24.

② 〔法〕乔治·索雷尔. 进步的幻象［M］. 吕文江，译. 上海：上海人民出版社，2003：英译者导言25.

性和进步性的应然状态，运用这一手法，统治阶级的政党或集团为自己的统治披上了合法性的外衣，使自己成了历史进步的推动力量，而所采用的一切统治手段也都具有了正当性。它们可以把被统治阶级或者反对者定位在阻碍历史进步的角色上，那么作为历史发展的进步阶级对阻碍历史发展的非进步阶级的一切暴力行为都是合法的和正当的，社会历史中的一切都被卷入进步观念的逻辑之中了。在现代社会，进步观念在某种程度上成了掩盖苦难与不幸而赋予统治阶级的统治以正当性和合法性的虚假外衣。

　　根据马克思的观点，任何一个时代的统治思想都只是统治阶级意识形态的表现，内在地蕴含着统治阶级的利益诉求。近代以来，当资产阶级推翻封建统治在历史上成为统治阶级时，进步观念也被当作一种信仰和规律来对待，成为资产阶级意识形态的一种表现。索雷尔说："马克思主义历史学家可以发现这一学说如何依赖于资产阶级得以在其中形成、崛起和胜利的环境。我们只有在审视这整个的宏大社会历险时，才能真正理解进步观念在历史哲学中所占据的位置。"① 也就是说，进步观念的产生和确立与资产阶级的成长密不可分，我们只有在资产阶级统治这一事实中，才能深刻地理解进步观念，不考虑观念背后的阶级利益，观念就是不可理解的。索雷尔就是要从观念与阶级利益之间的关联来考察和批判进步观念，他认为进步观念不过是资产阶级自己的统治利益而灌输给我们的众多幻象中的一个，而且是极为荒唐的一个，因为它不但要求我们对这些观念顶礼膜拜，而且要求我们对这些观念背后所掩藏的人和利益顶

_____

① 〔法〕乔治·索雷尔. 进步的幻象［M］. 吕文江，译. 上海：上海人民出版社，2003：61.

礼膜拜。进步观念作为意识形态不过是资产阶级为了维护自己阶级利益的工具，是他们造神运动的产物，资产阶级还通过这种神圣的观念把自己的私欲神圣化、合法化。

　　进步观念作为统治阶级的意识形态，还表现在对个人自由和权利的消除。如果进步是历史的一种规律，具有客观必然性，那么在这一规律面前任何个体的尊严和幸福都是不重要的，重要的只是历史的进步，而且主要是体现在"人类""民族"或"绝对精神"历史的进步，而不是每一个个体的进步。但我们知道，只有个体才是真实和真正的实体，"类""民族"和"绝对精神"等更大的实体，不过是在个体之上虚拟出来的一个实体，（这里所说的"虚拟的实体"，在很大意义上是一种唯名论的理解，承认其重要性，但不承认其是作为与个体相对的并比个体更大的实体，仅仅是我们所虚拟和悬设出来的一种"实体"。）这不是说"类""民族"和"绝对精神"等作为一个虚拟的实体不重要，而是说如果没有现实的个体，那些更大的所谓的实体就没有存在的可能性。然而在对历史的主体和历史目的的理解中，很多思想家往往把那些所谓的更大的、更真实的实体放在了现实的个体之上，为了类、民族、国家、绝对精神等的自我完善和自我发展而完全忽略或放弃的个体的尊严，这一点在很多思想家那里都表现得很明显。

　　黑格尔也认为历史是不断进步的，然而这种进步并不是个体、民族或人类的进步，而只是绝对精神通过世界民族的交替来实现自身的进展，所以他认为是理性统治着世界和人类历史，历史的发展就是理性的发展。这也就意味着黑格尔一方面肯定了历史发展的规律性和必然性，另一方面肯定了历史的进步性。在他看来，世界历史不过是自由不断得到实现的历史，是自由意识的不断进步。在黑格尔的历史哲学中，理性的狡计作为一种支配力量在主导着历史的走向，而它借助的具体载体就是世界民族和世界历史个人。也正因为如此，在黑格尔那里，一切国家、民族、个体究其实质都只不过是理性、精神和自由自我发展和自我实现的环节和工具，就其自身来说并不具有实质的意义，它们的价值和意义就在于促进了理性、精神、自由的实现。那样的话，个体在黑格尔的历史进步中就更容易成为一种被牺牲的对象。由于黑格尔关注的是历史的本质及其逻辑的展现，历史中的特殊性和差异性的价值就在于促进和承载着普遍原则的实现，而且是通过特殊东西的互相斗争和损失来实现的。黑格尔认为这是应该的和必然的，因为"特殊的事物比起普通的事物来，大多显得微乎其微，没有多大价值：各个人是供牺牲的、被抛弃的"。所以在他看来，作为理性和绝对精神的代理人的"世界历史个人"为了实现理性的计划，去伤害一些个体，甚至是无辜的个体都是无可非议的。因为理性在历史中的代理人，他们必然只能"毫无顾虑地专心致力于'一个目的'。他们可以不很重视其他伟大的，甚或神圣的利益。这种行为当然要招来道德上的非难。但是这样魁伟的身材，在他迈步前进的途中，不免要践踏许多无辜的花草，蹂躏好些东西"①。在这里，任何个体都可以在历史的前进中被名正言顺地践踏和蹂躏，因为历史的进步并不体现在个体、阶级、群体、民族、国家上，而是体现在理性、精神、自由的进展和实现上。只要能实现那些超验实体的进步，那么个体的牺牲都是在所难免的，

---

① 〔德〕黑格尔. 历史哲学 [M]. 王造时，译. 上海：上海书店出版社，2006：30.

也是值得的。

把进步的主体界定在超个体的宏大实体上面，就意味着对个体的苦难和不幸有了忽略和漠视的正当理由。因为相对于超个体的宏大实体的进步而言，任何个体都是微小和不值得关注的，而且这些个体的价值和意义都附属于宏大实体的进步之上，只要他们作为手段和环节有利于推动和刺激历史的真正进步，那么他们的命运到底是苦难的还是幸运的就不值得追究了，因为我们看中的并不是个体的改善和进步。如果进步的主体不能涉及具体的个人，而只能附属于一些超个体的、虚拟的实体上面，那么进步观念就很容易被当作一种合法的借口去伤害那些个体，从而使践踏和蹂躏变得名正言顺了。进步对于个体而言就没有实质的意义和价值，可能给他们带来的是更多的苦难和不幸，对他们而言，进步就是一种虚幻的意识形态，是对他们心灵的一种遮蔽和奴役。

本章主要从不同层面展现进步观念在现当代理论视域中面临的批判和反思，目的是揭示传统进步观念——一种对人类历史产生重大影响的大观念——已经不可能原封不动地被我们信仰和坚持了。如果我们还想保留进步这一观念，就应该慎重对待现当代思想家对它的批判，并试图用一种新的解释原则去理解和阐释它，以避免重新陷入现当代思想家所批判的理论范围之内。

第三章

两种不同的解释原则和进步观念

上一章我们分析了现当代思想家从不同方面对进步观念的批判和消解，指出传统进步观念无法被继续信仰和坚持，需要为挽救进步观念寻找新的途径。本章我们将区分和论证进步观念的两种不同解释原则和它们各自的理论根据，以及在不同的解释原则下，进步观念具有哪些特征，进而力求论证出何种解释原则下的进步观念才具有自身的合法性，才能为自身面临的困境提出辩护。

一、进步观念的两种解释原则及其深层理论根据

如果按照传统知识论的理解，进步观念的合法性就在于它揭示了历史整体运演的内在属性，为我们提供了一种关于历史整体运演的规定性知识。此时，进步观念成了人与历史之间的一个中介，人通过进步观念认识和把握历史，历史通过进步观念显现自身的规定性。但当人们开始对进步观念本身进行反思的时候，人们意识到它并不是那么纯粹，进步观念并不提供关于历史整体运演的规定性的

知识，而更多地蕴含着一种伦理价值的因素。也就是说，除了作为规定性的知识来理解的进步观念，还存在另外一种性质的进步观念。如果从进步观念的解释原则来区分的话，应该存在两种不同的解释原则。因此本节主要是区分进步观念的两种解释原则及分析它们各自深层的理论根据。

（一）进步观念的两种解释原则

我们通常是在知识论的意义上来理解进步观念的，即它是我们通过认知历史整体的运演而得出的一个概念，因而它可以被看作一种客观性的规律和法则。进步观念的客观性和必然性在于它揭示了历史整体运演的一种内在属性，因而在某种程度上，我们是用一种认知概念的解释原则来理解和阐释进步观念的。但如果根据康德的理论，我们对历史整体及其运演不可能得到一种规定性的知识，而只能得到一种反思性的理念，或者说一般性的历史理念，落实到进步观念上，康德会把它理解为一种反思性的伦理理念，而非规定性的认知概念。也就是说，在康德那里，进步观念不是关于人类历史整体运演的一种知识，而仅仅是我们通过对历史整体的反思而得出的一种理念，它具有的是一种调节性作用而非规定性作用，我们把这种理解进步观念的解释原则称为伦理理念的解释原则。也就是说，我们认为进步观念有两种不同的解释原则，一种是认知概念的解释原则，一种是伦理理念的解释原则。

我们把认知概念作为进步观念的一种解释原则，是因为在传统意义上，进步观念被理解为是关于认知对象的一种规定性的概念，认为它是人类历史运演所必然遵循的一种客观性的法则和规律。在此解释原则下，进步观念具有自身的客观性和独立性，所谓客观性意味着进步观念揭示了历史的一种内在属性；所谓独立性则意味着我们无法改变历史进步的趋势。在这种解释原则下，历史整体及其运演是我们可以经验认知的对象，而进步观念则是认知的结果，进步观念所具有的客观性和必然性则属于这种解释原则下附带物。然而这种进步观念的解释原则自身具有的缺陷在于，历史整体并非我们可以经验直观的对象，我们对它的运演也不能形成一种认知性的概念，即进步观念。这一点可以从康德的思想中得到很好的揭示。也就是说，从认知概念的解释原则来理解进步观念，进步观念就会披上一种知识的外衣，它好像是关于历史整体运演的一种规定性的知识，具有自身的客观性和必然性，然而这是一件虚幻的外衣，它非但不能增加我们关于历史整体运演的知识，还会由于自身所要求的强制性而严重挫伤人的能动性，从而转化为一种僵化的教条而损害自身的声誉。

关于进步观念作为认知概念来理解所具有的强制性，我们在上一章已经有所论述，特别表现为进步观念作为人类历史的客观法则。而进步观念作为认知概念所具有的虚幻性则主要表现在康德对知识领域的划界上，即历史整体根本不可能是我们认知的对象，我们也不可能对此形成一种进步的概念。

康德通过对前人理论的批判继承，提出了自己的哲学思想。他认为我们不可能对非经验对象有一种规定性的认知，因为它不是我们经验直观的内容，但对于非经验对象我们却可以进行一种反思性的理解，得出一些反思性的理念。落实到历史整体上面，我们可以得到一些一般性的历史理念，康德的一些论述为我们提出一种伦理理念的解释原则来重新理解进步观念奠定了理论基础。

　　康德认为我们的知识必须限制于感官经验范围内，知识肯定是关于经验对象的知识，超出感官经验范围我们无法得到任何真正的知识。认为知识就是观念与对象的符合，这一知识的定义在近代已经被休谟的怀疑论打破，我们无法知道观念和对象是否符合。因为"观念是观念，对象是对象，你看到的还是你的观念，对象在你的观念里就是一种观念，已经不是对象了，你怎么知道你的观念和你的对象是相符合的？所以，对象在休谟看来只能是存疑。你的观念是否与对象相符合是不可知的，你不可能跳出你的观念。所以，传统的关于知识和真理的定义在休谟面前失效了"①。但康德要为科学知识提供一种合法性证明，他对知识的定义进行了重新阐释，即知识不再是观念要和对象相符合，而转变为对象要和观念相符合，值得注意的是，这里的对象已经不再是一种外在的客观的对象，而是我们主观地建构出来的，因此对象也是一种观念。如此，对象与观念就不再是两种根本异质性的东西了，而是同质性的东西，即都是观念，从而使对象必然能和观念相符合。康德对知识的重新规定，使得我们的知识成了一种按照我们知性的必然结构而建构出来的理论。

　　康德对知识的构成进行了细致的分析和论证。他认为我们的一切知识，归根到底都是经验知识，即都是以我们的感性直观为依据的。同时他也指出，我们的知识虽然起源于经验，但并非都来源于经验。因为经验知识本身一旦产生，就是由两部分合成的，缺一不可。这就是知性范畴和感性直观，任何真正的知识都是这二者的综

----

　　① 邓晓芒. 康德哲学讲演录 [M]. 桂林：广西师范大学出版社，2005：10.

合统一。在这种统一中使用知性范畴去统摄感性直观的内容，这样人类就通过知性为认识对象进行了立法。以这种知性的必然结构而得到的认识，就是康德意义上的知识。虽然康德的知识是通过"人为自然立法"而实现的，但他认为由于我们人类认识机能的普遍性和客观性，这种知识也就具有了客观性和必然性，它依然是关于对象的一种规定性的认识，是对对象的一种客观的把握。康德把关于对象的规定性的认识看作规定性判断力的结果，是根据给予的普遍概念、原则去统摄那些特殊材料，从而得到一种建构性的观念。这种建构性的观念的客观性是我们认识对象本身所赋予的，而不是我们主观所加之于对象的，更不是主观加之于自身的。因此这种建构性的观念就是关于认识对象的知识，就是一种具有普遍性和必然性的客观真理。

康德对知识的这种界定和理解也为一些人提供了一种理解和阐释进步观念的原则，即认知概念的解释原则。也就是说，进步观念被当作关于人类历史运演的一种知识，这是因为一旦用认知概念的解释原则来理解和阐释进步观念，这个观念就会被当作关于历史整体运演的规定性的认识，其客观性的根据就在于历史自身，这一观念给我们提供的就是关于历史的一种规定性的知识。传统的进步观念，在很大程度上就是用这种解释原则来理解的，这也是为什么进步观念一直被当作一种客观性的法则和规律。但是很多思想家没有意识到康德为知识划定的界限，而直接把进步观念当作关于人类历史整体运演的一种知识来对待了。在康德看来，对于历史整体这种不可经验直观的对象，我们至多能形成一般性的历史理念而非知识。

关于历史整体运演的进步观念要作为一种伦理理念来理解，这一点突出表现在康德对判断力、理念和认识能力的辨析中。

康德把判断力区分为规定性的判断力和反思性的判断力，规定性的判断力是限定在科学认识领域的，它的目的就是要把特殊的经验材料归摄到普遍的知性范畴之下，从而形成关于对象的知识。而反思的判断力则与此不同，因为它仅有特殊材料，而缺乏普遍原则。"反思性的判断力的任务是从自然中的特殊上升到普遍，所以需要一个原则，这个原则它不能从经验中借来，因为该原则恰好应当为一切经验性原则在同样是经验性的、但却更高的那些原则之下的统一性提供根据，因而应当为这些原则相互系统隶属的可能性提供根据。所以这样一条先验原则，反思性的判断力只能作为规律自己给予自己，而不能从别处拿来（因为否则它就会是规定性的判断力了），更不能颁布给自然：因为有关自然规律的反思取决于自然，而自然并不取决于我们据以努力去获得一个就这些规律而言完全是偶然的自然概念的那些条件。"反思性判断力的"这种能力借此只是给它自己而不是给自然界提供一个规律"。① 根据康德对反思性判断力的界定，这种判断力只能为自身设定主观性的原理，而不能形成关于对象的客观性的知识，但这种主观性原理却可以为我们思考对象提供一种新的理论视角，从而具有独特的价值。也就是说反思性判断力所给予我们的并不是关于对象的一个规定性的认知概念，仅仅是我们为了得到一种统一性而自己加之于自己的一个原则，而对象本身是否具有这种属性是我们所无法回答的问题。

康德对反思性判断力的分析，为我们提供了一种调节性的理念，

---

① 〔德〕康德. 判断力批判〔M〕. 邓晓芒，译. 北京：人民出版社，2002：14 – 15.

这种理念的根据在主观理性而非客观理性中。这种理念不是一种规定性的认知概念，它不是对对象颁布规定，而是主体对自身颁布的规定，是主体为了从整体上统摄对象身上呈现出的特殊性和差异性而给予自身的一种理念，这种理念的提出为考察历史整体提供了一种新的理论思路，因此对我们也是极为必要和有益的。

在《纯粹理性批判》中，康德曾专门对理念进行了分析和阐述。康德的"理念"源于柏拉图的"理念"，但与柏拉图理念的内涵又不完全一致，或者说其应用范围不同。"在柏拉图哲学中，理念不仅是我们用来进行思考的工具，而且是事物的原型和客观的存在，康德否认了理念的本体论意义，而肯定其在认识和实践上的意义。"但是，"无论在柏拉图哲学中，还是在康德哲学中，理念都有这样的含义：经验中的任何事例都不可能完全符合它；但它也不是由人的想象力所武断地臆造出来的。所不同的只是，在柏拉图看来，理念是纯粹理性在本体世界中的对象，现实的感性世界通过分有它而有了自己的存在；而在康德看来，它是人类理性为达到经验全体而必然创造出来的概念，它不存在于经验中，也不存在于一个彼岸的世界中，只存在于我们的认识中，对于引导我们的理论认识和道德实践都是必要的"①。

在康德看来，理念主要有四个方面的意义。首先，不管是自然还是历史的整体都无法在我们的经验中真正显现出来，我们无法形成对它们的认识。由于理念不是经验的产物，不是关于经验对象的一种认知概念，所以理念的对象就不是指向经验，而是指向超验的

---

① 李梅. 权利与正义：康德政治哲学研究［M］. 北京：社会科学文献出版社，2000：76.

东西，即经验的全体。其次，理念不与经验对象发生直接性的关联，而仅仅是对知性活动的一种统摄作用。"也就是说，理性用理念追求着知识的系统化和统一性。然而，由于知识的这种统一性和系统性不是得之于经验，因而就具有假设的性质。在这一方面，理性总是用理念设定了某种知识全体或原则，这一原则先于具体的、确定的知识，并且先天地规定着各部分的知识在知识体系中的位置以及它们之间的相互关系的条件。当然，理性所规定的原则只是主观的、或然的原则，没有客观实在性，因此，康德把理性的这种用法称为'理性的假设的运用'。"① 这种理性的设定，就是反思判断力先从对象身上反思出一个理念，然而用这一理念去考察对象。即便是我们的经验无法完全验证理念，也不是因为理念本身有什么缺陷，而是我们经验自身的限制所致，理念依然是我们所要依赖的。正因为如此，理念都不是完全中立性和事实性的，而是包含着一种伦理和价值因素在里面的。再次，理念虽然不是也不能增加我们对事物本身的认识，但是它可以为我们理解和观察事物提供一种新的理论视角，在这一理论视角之下，我们可以为理解事物打开另一可能性空间。在康德那里，这一可能性空间是通过目的论的解释方式打开的。也就是说，我们不但可以在机械论的视域下理解对象，而且可以在目的论的视域下对其进行另一种阐释。最后，理念对我们实践也有重要的意义。虽然实践中的理念不可能完全变成现实，但它依然是一切现实和理性的实践活动所必不可少的条件，在某种程度上是理念在引导着我们的实践活动。

---

① 李梅. 权利与正义：康德政治哲学研究［M］. 北京：社会科学文献出版社，2000：77.

　　康德认为我们对人类历史整体只能提出一些理念，这些理念虽不是关于历史整体的规定性的认知，却为理解历史整体提供了新的思路，仿佛历史不再是杂乱无章和充满偶然性的，而是遵循着一定规律，趋向一定目的的进程。在康德那里，一个重要的调节性理念就是关于自然和历史的合目的性观念，也称之为"自然意图"，他明确指出我们关于自然合目的性的观念不是对自然本身的认知规定，而是通过对自然整体的反思得出的一种调节性的观念。这种观念虽然无助于增加对自然本身的规定性认识，但为我们理解自然整体提供了统一性的根据。也就是说，"自然的合目的性这一先验的概念既不是一个自然概念，也不是一个自由概念，因为它完全没有加给客体（自然）任何东西，而只是表现了我们着眼于某种彻底关联着的经验而对自然对象进行反思时所必须采取的惟一方式，因而表现了判断力的一个主观的原则（准则）：因此当我们在单纯经验性的规律中找到了这样一种系统的统一性，就好像这是一个对我们的意图有利的侥幸的偶然情况时，我们也会高兴（真正说来是摆脱了某种需要），尽管我们不得不承认，这样一种统一性，它并不是我们所能够看透和证明的"。[①] 康德通过反思判断力对自然和历史整体进行的反思，就是要为理解自然和历史整体提供一种先天的"理念"。不过这些先天的理念始终只是反思到的，是主体给予自身的一种规定，只是我们理解自然和历史整体的一种主观而非客观原则，是我们经验无法证实和证伪的。或者明确地说，那些用于阐释自然或历史整体的"理念"，我们既不能说它们是自然或历史本身的规定，也不能对

　　　　① 〔德〕康德. 判断力批判［M］. 邓晓芒，译. 北京：人民出版社，2002：19.

此予以否认，那是超出我们理性能力之外的事情。

需要强调的是，康德提出的关于历史整体的反思性的理念，具有一种伦理价值的因素。因为"在康德那里，理念总是包含着某种应当的成分，历史的理念也是如此，它提供的是人应当如何看待他的历史的一条线索。在这个意义上，康德的历史观主要涉及的是历史的价值，因而是一种道德历史观。盖尔斯顿指出：对康德来说'人类种族从大地上消失的可能性是不能排除的……由于一场世界战争的破坏，所有的文明和文化都被消灭也不是不可能的。最终对于进步的肯定不是出于经验的考虑，而是出于道德的考虑'"①。如果说，康德那些关于历史整体的反思性理念是理性设定的，那么由于理念的伦理价值因素，也只有把那些观念作为一种伦理理念来理解才得乎其所。因此，我们从康德对判断力的两种区分，及其对把握自然和历史整体观念的界定，可以提炼出另一种性质的进步观念。

而且在康德对认识能力的划分中，理性是最高的认识能力。他说："我们的一切知识都开始于感官，由此前进到知性，而终止于理性，在理性之上我们再没有更高的能力来加工直观材料并将之纳入思维的最高统一性之下了。"② 按照康德的看法，理性是一种原则的能力，即由概念而来的综合知识，这是知性所没有的能力，而仅仅归属于理性。这是因为它们的对象不同，知性的认识对象是感官经验，而理性的认识对象则是知性活动本身。因此"知性尽管可以是

---

① 李梅. 权利与正义：康德政治哲学研究［M］. 北京：社会科学文献出版社，2000：81.
② ［德］康德. 纯粹理性批判［M］. 邓晓芒，译. 北京：人民出版社，2004：261.

借助于规则使诸现象统一的能力，而理性则是使知性规则统一于原则之下的能力。所以理性从来都不是直接针对着经验或任何一个对象，而是针对着知性，为的是通过概念赋予杂多的知性知识以先天的统一性，这种统一性可以叫作理性的统一性，它具有与知性所能达到的那种统一性完全不同的种类"①。知性的统一性是为了形成知识，理性的统一性则是为了追求知识的完整性和系统化，并不能形成真正的知识。

由于理性的对象是知性及其活动，也就是以经验的总体为对象的。康德对经验对象和经验整体作了区分，前者是可以直观认识的，是知性的对象，我们可以以此形成知识；后者则是理性的对象，是不可以直观认识的，因而我们不可能以此形成知识，而只能形成一些理性的概念，即理念。对理念而言，是没有任何经验对象与之相对应的。因此理念是超验的，是不能用经验证实或证伪的。把理念当作关于对象的知识，这是传统形而上学最大的误区，也是康德所要重点批判的。如果将理念当作知识来看待，必然会产生辩证论，会引诱我们走向"二律背反"的境地。然而由于我们内在的形而上学倾向，我们又无法完全抛弃一些理念。康德认为理念虽然不能为我们提供关于对象的知识，却可以引导我们的知识达到最大的统一性。所以他说："这些理念包含有任何可能的经验性的认识都够不着的完备性，而理性在它们那里只怀有一个系统的统一性的意向，理性力图使经验性的可能的统一性去接近这种系统的统一性，却任何

---

① 〔德〕康德.纯粹理性批判［M］.邓晓芒，译.北京：人民出版社，2004：263.

时候也不会完全达到它。"① "这些理念对于我们的理论认识能力来说是言过其实的，但却或许并不是无用的和可以缺少的，而是用作调节性的原则。"② 这样康德一方面把理念和知识区分开来，另一方面又为理念争得了合法的地盘。

根据康德对反思判断力、理念和理性的阐述，我们应该有另外一种类型的进步观念，这种观念并不是关于历史整体的一种规定性的认识，而只能通过反思历史整体来为自身提供一种理念，利用它我们可以去阐释和理解历史及其运演。此时进步观念就不是关于历史的经验性的知识，而仅仅是关于历史的一般性的理念，是我们理性反思的结果，并且它具有伦理价值的因素。我们把这种理解进步观念的原则称为伦理理念的解释原则。根据这种解释原则来理解和阐释进步观念，它就不再是关于对象的客观性的知识，而仅仅是一种主观性的原则，它是理性为了理解历史而为自身提供的，并不揭示历史的任何内在属性，但可以帮助我们从整体上去反思和理解历史，提供一个新的理论视界。

根据上面的分析，我们认为：一般我们理解或阐释进步观念，有两种基本的解释原则，要么在知识论的意义上把进步观念看作关于历史整体的规定，即关于历史内在属性的一种揭示，在这一解释原则下，进步观念是作为一种规定性的知识来理解的，这种进步观念的解释原则，我们称之为认知概念的解释原则。进步观念要想作为科学知识、历史规律、宇宙定理，等等，就要用这种认知概念的

---

① 〔德〕康德．纯粹理性批判［M］．邓晓芒，译．北京：人民出版社，2004：455-456.
② 〔德〕康德．判断力批判［M］．邓晓芒，译．北京：人民出版社，2002：序言1.

解释原则来理解，而且也是力求达到这种解释原则的要求，或者说只有进步观念能完全用一种认知概念的解释原则来理解，它才具有知识的特征。但我们说过，进步观念所具有的知识特征是虚幻的，它虚有其表而无内在实质，它并不是人类历史运演的一种规定性的知识，而且这种进步观念所要求的客观性和必然性严重压缩了人的生存空间，窒息了人的创造性和生存性。

人作为人具有一种形上本性，即超越维度，正是这一形上本性使得人能成为一种特殊的存在，能不断地筹划自己的生存，从而在外在条件的限制中寻求自我决定，在感性欲望的干扰中寻求理性自决。这就使得我们需要用另一种解释原则来理解进步，我们称之为伦理理念的解释原则。以这种解释原则来理解的进步不同于作为认知概念来理解的进步，此时进步并不是历史本身具有的属性，而是我们通过对历史进行反思，由理性赋予自身的一种原则，历史本身不必然或者根本就不具有这种性质，进步观念所表现的性质只不过是我们为了从另外一种视角理解历史而强加给历史的，因而是一种调节性的理念。这种伦理理念的解释原则为我们提供的进步观念虽然不是关于历史的规定性的知识，却为我们理解历史提供了另外一种可能性空间，从而使得人的自由性和创造性得以展现和发挥。认知概念的解释原则虽然貌似能为我们提供一种关于历史的规定性的认识，然而这种进步观念作为一种必然性法则和规律，在此之内没有任何的可能性空间，完全抹杀了人的创造性，这是具有超越维度和形上本性的人所无法完全忍受的。因此作为伦理理念的解释原则对我们人的生存而言也是极为重要和不可缺少的，它和作为认知概念的解释原则共同构成了我们理解进步观念的两种解释原则。

　　所以，由于解释原则的区别，进步观念的基本内涵和特征也会有根本的区别。如果把不同解释原则下的进步观念混淆或者互用，就会造成一些理论的困境和现实的灾难，所以辨析出进步观念所归属的解释原则就成了极为重要的理论任务。我们认为只有把进步观念放在一个恰当的解释原则下，对它的理解和阐释才能"名副其实"，进步观念自身才具长久的合法性和生命力。因此区分两种不同的解释原则，并辨析出进步观念适合于何种解释原则，对于我们而言不仅仅可以消解一些虚假的理论困境，而且可以很大程度上为人类生活减少不必要的苦难和不幸。

（二）两种解释原则的深层理论根源

　　上面我们分析和论证了进步观念存在两种不同的解释原则，并可以在此基础上区分出两种不同性质的进步观念。在这一部分，我们将追溯进步观念两种解释原则的深层理论根据，力图揭示传统形而上学的思维方式是认知概念解释原则的内在███████████的解释原则是奠基在对人类生存实践理解的基础上的。

　　1. 认知概念的解释原则与形而上学思维方式

　　上面我们把认知概念的解释原则确证为进步观念的一种解释原则，并对依此解释原则理解的进步观念所具有的特征进行了粗略的概括。我们认为如果用认知概念的解释原则来理解进步，进步观念就具有一种知识论的特征，提供一种具有规定性的知识。在此，进步观念可以看作我们认知历史内在属性的一种结果，是可以规定历史整体运演的知性概念。那么这种认知概念的解释原则本身具有什么基本的特征，为何具有这种特征呢？它所依据的理论基础又是什么呢？

当我们把认知概念作为进步观念的一种解释原则时，就意味着只要用这种解释原则来理解进步，进步观念就是关于历史的一种规定性的知识，进步作为历史运演所具有的属性并不因我们的喜好或厌恶而更改，在这个意义上，进步观念是具有客观性的，它不是我们随意设想出来的，而是有其内在根据的。也正是在这个意义上，我们才把进步观念看作关于历史整体运演的客观知识、规律和法则，认为它所具有的客观性和必然性是我们人类所无法改变的，它更多的是受制于一种超验的对象，以至于它自身也是超验的，从而支配着我们历史的运演。我们认为这主要是因为以认知概念的解释原则在理解进步观念时，是从一种先验原则出发的，或者说进步在被当作认知概念来理解的时候，被赋予了一种先验性。

如果认知概念的解释原则在理解进步观念时内在地赋予了它一种先验性和本质性，那我们也就能理解为什么在此解释原则下来理解的进步观念被看作关于历史整体的规定性知识。因为进步观念被赋予的先验性和本质性使它具有了客观性和必然性的色彩，意味着它与人的主观性和意志性是完全对立的，并且可以不受到它们的干扰而保持自己的独立性。因为所谓先验性首先就是先于人的经验和实践而存在的东西，如果进步观念是先于经验而存在的，那么不管我们的经验如何；它自身都具有不被怀疑的合法性和实存性。对于这种先验性的观念，我们虽然不能通过经验来确证它的实存性，然而它可以为我们提供一种幻象，即我们可以得到关于历史整体运演的规定性知识。从原则上而言，进步观念的这种先验性内在地支配着我们人类历史的存在和延续。

从认知概念的解释原则来理解进步，进步观念还具有一种本质性。因为认知概念解释原则的理论旨趣就是要把进步观念当作揭示了历史内在属性或本质属性的规定性的知识，在它看来进步观念的实存性和客观性不但源于它的先验性，而且源于它的本质性。这意味着进步观念并不是我们人类随意提出来赋予历史的，而是它确实揭示了历史的内在本质或属性，否则我们也不可能把进步观念看作关于历史整体运演的一种规定性的知识。也就是说，进步观念自身的客观性更在于它揭示了历史自身的内在属性和本质。一旦进步观念具有了这种本质性，它无疑就可以被看成一种知识，我们通过进步观念来认知和了解历史及其运演，并通过进步观念揭示的规定性来调整我们关于历史的实践活动。

上面简要分析了进步观念作为认知概念来理解所具有的先验性和本质性的特征。而它之所以具有这些特征，主要是因为进步作为认知概念来理解时，它内在地遵循了一种形而上学的思维方式。形而上学的思维方式，"也就是引人缅怀过去的思维方式，注重先定的思维方式，走向空幻理想的思维方式，从抽象原则出发的思维方式，消解对立和瓦解矛盾的思维方式，到对象后面去的思维方式，追寻彼岸世界的思维方式，远离现实的存在的思维方式，否弃真实生活的思维方式"①。简单地说，就是一种从先验的抽象原则和本质主义出发的思维方式，也是一种知性的思维方式。正是由于遵循形而上学的思维方式，整个西方的文化传统中占主流的是一种知识论的传统，就是力求得到关于事物本质性的规定、规律和法则。因为这是

---

① 高清海. 哲学的憧憬［M］. 长春：吉林大学出版社，1995：257.

一种从先验性的原则和本质出发的思维方式，所以在此思维方式下的进步观念也具有一种客观的规定性，使它免受主观性的侵扰。

我们能把认知概念称为进步观念的一种解释原则，主要在于它有其深层的理论基础，即形而上学的思维方式，这也能解释作为认知概念的进步为什么会具有客观性和必然性的特征，因为它本身就是从一种先验的抽象原则来理解的，它内在地就是用来规定和支配我们的经验生活的，并且不受经验生活的干扰。认知概念的解释原则以形而上学的思维方式为深层理论基础，就意味着它具有这种思维方式的一切优点和缺陷，以这种解释原则去理解进步观念，可以为我们提供一种关于历史整体运演的虚幻性的知识，但是却消解了我们实践的可能性。这是因为，认知概念的进步是作为一种规定性的知识来理解的，然而这种进步的客观性和必然性却压缩了人生存的可能性空间。因此我们还需要另一种进步观念的解释原则。

2. 伦理理念的解释原则与人的生存实践

我们上面分析了，以认知概念的解释原则来理解进步，可以提供关于历史整体运演的一种虚幻性的知识，使我们认为可以把握历史整体运演的规定性，然而它终究是虚幻的。因为历史整体及其运演都不是我们可以以经验直观到的对象，我们对此根本不能形成一种规定性的进步观念。而且，这种进步观念的解释原则受制于一种形而上学的思维方式，这在某种程度上把进步观念与人的实践相隔绝了。也就是说，进步观念所具有的客观性和必然性把人的实践空间严重地压缩了，从而使我们越来越有一种窒息的感觉。这也促使人们在某种程度上越来越想拒斥形而上学的思维方式以尽可能地拓展自己的生存空间，为自身的自由和解放争取更大的可能性。在进步观念的解释原则上，就表现为从一种伦理理念的解释原则来重新理解进步，意识到它具有的是一种调节性而非规定性的价值和意义。

如果形而上学思维方式为认知概念的解释原则奠定了深层的理论基础，那么伦理理念的解释原则的根基又是什么呢？我们认为它的合法性在于这种进步观念的解释原则内在地彰显了人的生存性和实践性，即以人类的生存实践为现实的理论基础。

人的存在不同于其他的存在者，就在于它具有生存的本性，即人不是现成的存在者，而是可能的存在者，或者说人是一种不可规定的存在者。这一点海德格尔曾在对人的分析中就明确指出，他认为人"这种存在者的'本质'就在于它去存在〔Zu－sein〕。如果竟谈得上这种存在者是什么，那么它'是什么'〔essentia〕也必须从它怎样去是、从它的存在〔existentia〕来理解"。所以在他看来，"此在的'本质'就在于它的生存"。正因为生存是人或者此在的本性，所以海德格尔认为："此在总作为它的可能性来存在。它不仅只是把它的可能性作为现成的属性来'具有'它的可能性。因为此在本质上总是它的可能性，所以这个存在者可以在它的存在中'选择'自己本身、获得自己本身；它也可能失去自己本身，或者说绝非获得自身而只是'貌似'获得自身。"① 这样的话，我们要真正理解人，就必须要尊重他所具有的生存性和可能性。传统理论由于形而上学的思维方式忽略了人的生存本性，把人当作现成的存在者来理解，认为人是可以通过知性概念进行规定的，这样就完全抹杀了人的可能性。所以海德格尔认为传统理论不可能真正理解人及其生存，

---

① 〔德〕海德格尔. 存在与时间［M］. 陈嘉映，王庆节，译. 北京：生活·读书·新知三联书店，2006：49－50.

而要理解它们必须从生存论出发。"从对此在的分析而来的所有说明，都是着眼于此在的生存结构而获得规定的，所以我们把此在的存在特性称为生存论性质。非此在的存在者的存在规定则称作范畴。""生存论性质与范畴乃是存在性质的两种基本可能性。"① 海德格尔这里是用生存论的性质来标注人的存在样式，而用具有规定性的范畴来标注其他存在者的存在样式，即一种现成的存在状态。如果遵照我们的理解，那么可以说，对于现成的存在者，我们可以依据知性概念去规定和把握，而对于具有生存性质的人及其实践则要从一种生存论的视角出发去理解，而无法给它们建构一种可以完全具有规定性的知识，因为那样不但窒息了人的生存本性，而且压缩了他的可能性空间，如果这样的话，我们永远无法真正去理解人及其生存。所以我们必须要有另外一种进步观念的解释原则，在这种解释原则下，进步观念非但不会限制人的生存性和可能性，而且会不断地拓展它们，那么此时进步就不能被当作一种具有规定性的认知概念来理解，而只能被当作一种具有调节性的伦理理念来理解。

而且如果进步观念被当作具有规定性的认知概念来理解，它在某种程度上也遗忘了人的实践本性。虽然很多现当代思想家意识到了人的生存本性，但是他们没有把实践活动作为生存本性显现的基点。实践活动是人的基本生存方式和社会历史的本性，这一点马克思有过经典的论述，我们在第五章将做详细的分析论证。我们认为，正是人在改造世界和自身的实践过程中展现出了他的生存性和可能性，因为以实践为中介，人与对象达到了一种否定性的统一关系，

---

① 〔德〕海德格尔．存在与时间［M］．陈嘉映，王庆节，译．北京：生活·读书·新知三联书店，2006：51－52.

真正实现了相互融合。人通过实践不仅展现了自己是一种非现成状态的存在物，而且使他的创造物也具有了历史性和动态性。因此，我们在用进步观念理解人类历史时，就不能再从一种先验的原则出发，而更多的要从一种生存论或实践活动出发，以避免窒息它的生存性和可能性。这样，进步观念就不再具有一种强制的规定性和客观性，而更多地具有一种历史性和伦理性，它将为我们理解对象和事物提供一种新的理论视界。

如果把进步观念理解为一种反思性的伦理理念，它所具有的仅仅是调节性的作用，那么它就不会窒息人的生存性和压缩人的可能性，并且在某种程度上，这种观念还会拓展人的生存空间。因此，我们认为只有从伦理理念的解释原则来理解进步，才有可能为人的生存性和实践性划出一块合法的地盘。也就是说，进步观念的伦理理念的解释原则是以人的生存性和实践性为理论前提的，它是必需的也是必要的。

以上我们分析了进步观念的两种解释原则各自的深层理论根据，我们认为形而上学的思维方式为认知概念的解释原则提供了合法性的根据，而人的生存性和实践性也为伦理理念的解释原则争取了自己的权利。下面我们将根据解释原则的不同来区分一下两种性质不同的进步观念。

二、两种性质的进步观念

根据两种不同的解释原则，我们可以对进步观念进行不同的理解和阐释，从而会有两种完全不同的进步观念，一种是作为认知概念的进步观念；一种是作为伦理理念的进步观念。虽然都是"进步观念"，但由于解释原则的异质性，使得进步观念也具有两种性质完全不同的面孔。

（一）作为认知概念的进步观念

上面已经论证和分析了进步观念的两种不同的解释原则，即认知概念的解释原则和伦理理念的解释原则。而且认为，进步观念用不同的解释原则进行理解和阐释，其基本的理论旨趣和理论内涵会有本质性的区别。在认知概念的解释原则下，进步观念会被理解为对历史整体自身属性的一种揭示，在这个意义上，进步观念就是关于历史自身的知识，为我们提供关于历史运演的客观规定性，进步观念也可以被理解为关于历史运演的真理和规律，这种进步观念具有一种客观性、普遍性和必然性，其根据在于历史自身。而在伦理理念的解释原则下，对进步观念又会有一种新的理解，虽然肯定它的实在性，但是这种实在性是有限度和有条件的，在这里，进步观念只不过是我们对历史整体反思的结果，我们并不能将进步加之于历史身上，认为进步观念揭示了历史的内在属性，而只能把它加之于自身，是对自身的一种规定。或者说，不是主体为历史立法，而是主体为了反思无法经验直观的历史而为自己提出的一个原则。在伦理理念的解释原则下，进步只不过是一种一般性的历史理念，不具有经验性，是我们为了从整体上把历史知识系统化或者从另外一个视角即目的论的视角来理解历史而提出的一种具有伦理价值性的观念。至于历史是否具有进步观念所揭示的性质，我们既无法证实也无法证伪，因为我们根本无法对此形成真正的知识。在这种解释原则下，进步观念不是关于历史的规定性的知识，而仅仅能称得上是具有调节性的一般理念。

我们首先分析一下作为认知概念的进步观念，也就是把进步观念放在认知概念的解释原则下来进行阐释和理解的。上面已经分析过，一旦把进步观念放在认知概念的解释原则下进行理解，那么进步观念必然被当作关于历史的一种规定性的知识、真理和规律。因此当进步观念被当作一种认知概念来理解时，其实已经内在地把进步观念当作关于历史自身演变的一种客观性的知识、规律和真理来理解了。如果这样的话，进步就是内在于社会历史本身的，是人类历史本身所具有的一种客观属性，我们所做的只不过是通过我们的认知机能把它从人类历史的运演中辨别出来、萃取出来。这种作为认知概念的进步观念是纯然客观的、必然的，没有掺杂主观性和偶然性的。认知概念的特征就是要在主观性、偶然性中去发现客观性、必然性，认知概念要达到的目标就是为人们提供一种不以人的意志为转移的具有客观必然性的规律和法则。因此，以认知概念的解释原则来理解进步观念，进步观念成为人类历史自身运演的一种客观规律就是题中之义，是以原型先蕴的方式孕育在这种解释原则之下的。

把进步观念当作一种认知概念来理解，也就是把进步观念当作一种人类历史本身的认知规定和客观规律来理解，于是进步观念本身就理所当然地具有客观的普遍必然性。进步观念不是我们人类主观的一种臆测和设定，更不是一种对历史行程所作的乌托邦的设想，而是人类历史运行过程所具有的内在属性，是其运行过程所不得不遵循的客观规律。也就是说一旦把进步观念当作一种认知概念来理解，进步观念就成了一种客观知识，就像自然现象必然遵循自然知识的规定一样，人类历史的运演必然遵循进步观念的规定。作为认知概念的进步观念是与主观性、偶然性和虚幻性完全对立的。作为客观规律的进步观念就不再彰显伦理价值性因素，有的仅仅是不依我们的意志为转移的客观因素。

因此，作为认知概念的进步观念与作为客观规律的进步观念在某种程度上是相互蕴含的，一种认知概念必然是对事物内在属性的考察和规定，而这种规定就是要为对象提供一种规律性的认识。按照认知概念的解释原则来理解进步观念，就是按照客观规律来理解进步观念，进步观念必然会成为历史运演过程所不得不遵循的客观逻辑。按照认知概念的解释原则来理解进步观念就必然要求一种历史与逻辑的统一，即历史运演的过程与进步所蕴含的客观逻辑的统一，只不过这种历史与逻辑的统一是否真正能实现，或者说以什么样的方式来实现，可能也是一个问题。如果按照现当代哲学的理解，历史与逻辑的统一，在很大程度上不过是逻辑化的历史与历史化的逻辑的统一，其实质不过是逻辑与逻辑的统一，即逻辑自身的统一，而真实的历史从来没有被尊重过。这个问题过于复杂，本书并不过多涉及。但就进步观念作为认知概念来理解的话，它如果想成为一种历史的规律，那么历史与进步观念的逻辑必然要求具有内在的统一性，只有这样才能保障进步观念作为一种客观真理的真实性。

由此我们可以知道，只要我们用认知概念的解释原则来对待进步观念，那么历史进步对我们而言就具有客观性和必然性，因为进步观念是对历史本身运演过程的本质性和规定性的认知。这样进步观念也就具有了客观理性的根据，与那些经验性的认知和抽象性的认知有了本质性的区别，是我们可以直接应用到人类历史本身的知识和规定。至于这种把进步观念当作认知概念的解释原则是否合适，我们会在下文中进行分析，本节旨在说明，以认知概念的解释原则来理解进步观念，进步观念具有一种什么样基本的特征。下面我们把进步观念放在另一种解释原则下，即伦理理念的解释原则下来理解，以展现进步观念的另一副面孔。

（二） 作为伦理理念的进步观念

我们具体地运用伦理理念的解释原则来重新理解进步观念，看看在这种解释原则下，进步观念的基本理论旨趣和内涵会发生什么样的变化。当以伦理理念的解释原则来理解和阐释进步观念时，我们会惊奇地发现进步观念的基本内涵和特征发生了重大的转变。进步观念不再具有在认知概念的解释原则下所具有的那些理论旨趣和内涵，进步观念不再是关于人类历史整体运演过程的一种内在的属性，也不再是一种不以人的意志为转移的，具有客观性、普遍性和必然性的规律。在这种解释原则下，进步观念仅仅是我们对历史整体运演过程的一种反思的结果，而且是一种具有伦理价值性的反思。进步观念的提出，为我们重新理解人类历史的运演过程提供了一种新的理论视野。在这里，进步观念不仅为我们形成一个系统化的历史知识提供了统摄性，而且为我们的历史实践起了一种范导性的作用，从这一点上来说，进步观念也是有其独特的价值和意义的。

从伦理理念的解释原则来理解，进步观念仅仅是我们为了从另外一个视角去思考人类历史整体而对历史的发展趋势所作的一个反思性的规定，它内在地体现了人类的一种信念和希望。以伦理理念的解释原则来理解，进步观念的理论目标不再是成为一种具有客观必然性的规律，不再是为整个人类历史的运演过程寻求一种必然的法则，而是在人类历史的演变过程中更多地添加一些人为的信念和希望，是人类对社会历史演变趋势的一种反思。在这一反思中，内在地蕴含着一种伦理价值关怀。但这种对人类社会历史演变过程的理解并不是任意主观的，而是具有一种主观理性的根据，是我们通过对整个人类历史运演过程的反思得出来的，它为我们重新理解人类历史及其行程提供了一种独特的视角和理论出发点，以此为理论视域，我们可以对人类历史有一种不同于其他视角的理解，这种独特的理解为我们人类的生存实践提供了一种非常开阔的可能性空间，为人的自由和道德留下了一片属于自己的领域。作为伦理理念来理解的进步，不是从一种先验的原则出发，而是植根于人的生存和实践中，具有历史性和动态性，从而能拓展而不是压制人的生存空间。

因此，从伦理理念的立场来理解进步观念，其主要的理论旨趣是成为一种信念和精神，用这种信念和精神来激励人类通过不断的努力和实践，促使历史朝着一个不断完善的目标前进。而从认知概念的立场来理解和规定进步观念，其主要的理论目标是论证其自身成为人类社会历史运演过程的一种客观法则和规律，从而为人类历史的不断进步寻求一种必然性保障。作为伦理理念的进步观念虽然也对人类历史的运演过程提供一种规定，但它是一种调节性理念，不是人类历史本身所必然具有的属性。而作为认知概念的进步观念就是要揭示人类历史演变过程的内在规律和基本法则，这一规定就是社会历史本身内在的属性。伦理理念的进步观念是在意识到人的目的性和选择性在社会历史中的作用后，试图为理解人类历史整体提供一种独特的思路，而认知概念的进步观念则是想在充满偶然性和机遇性的人类历史中，寻求一个可以永恒立足的阿基米德点，想在繁杂的人类历史中寻求一种纯一，在偶然性中寻求一种必然性，在变中寻求不变。伦理理念的进步观念作为一种对人类历史演变过程的调节性理念，给予我们更大的可能性空间。认知概念的进步观念由于力求成为人类历史演变过程的必然法则而使得人类的选择性和目的性在历史演变过程中的作用被压缩到了极限。

以上我们论证和分析了进步观念在两种不同的解释原则——认知概念的解释原则和伦理理念的解释原则下，其基本的理论旨趣和内涵会发生根本的区别，下面我们就具体分析在不同的解释原则下进步观念所具有的巨大差异性，从而进一步区分两种不同的进步观念。

三、不同解释原则下进步观念的具体区别

如果说上一节是从宏观上来分析在两种不同的解释原则下，进步观念的基本理论旨趣和内涵会发生巨大的转变的话，本节则主要从微观层面入手，进一步剖析这种差异和区别，使我们能够更清晰地认识到有两种完全不同的进步观念，为我们后面拯救进步观念做出理论上的铺垫。

我们认为作为认知概念的进步观念与作为伦理理念的进步观念的区别可以从三个方面进行对比。第一，作为认知概念的进步观念

力求把自己当作人类历史整体运演过程的客观真理和规律，给自己穿上具有不以人的意志为转移的客观性和必然性的外衣，因此在某种程度上具有了一种形而上学性（在此，形而上学性意指与辩证法相对立的一种思维方式，即那种僵化的、教条的思维方式，有贬义的成分）的特征，即把自己当作万古不变的，任何人都无法逃脱其规定的永恒真理。而作为伦理理念的进步观念则把自己定位为一种反思性的理念，而且内在地具有一种伦理价值和超越维度。这种作为伦理理念的进步观念也就彰显了我们的人类自身所具有的一种形上本性，从而具有了一种形上特征。第二，当我们以一种认知概念的解释原则来理解和阐释进步观念时，进步观念对我们而言就是一种建构性的观念，即它是关于客观对象的一种知识，也就是说进步观念本身就是我们对人类历史整体运演过程的一种认识结果，进步观念是我们为人类历史整体运演过程的一种立法。而当我们以一种伦理理念的解释原则去对待进步观念的时候，进步观念只不过是我们对人类历史整体运演过程的一种反思的结果，我们并不能从经验中得出人类历史在不断地进步或者退步，进步观念仅仅是我们通过反思加之于自己的一种观念，是我们人类反思判断力实施的结果。第三，如果把进步观念放在认知概念的解释原则下来理解和阐释的，进步观念就具有一种唯实论的色彩，即进步观念在某种程度上被客观化和实体化了，成了与我们人类完全无关的一种具有必然性和客观性的规律。而如果进步观念是放在伦理理念的解释原则下来理解和阐释，进步观念就具有一种唯名论的色彩，即进步观念仅仅是我们理性的一种反思，并没有什么客观的实在性，进步观念的作用仅仅表现在对我们的知识和实践具有一种调节性作用。下面我们具体就这三个方面来区分两种不同的进步观念。

（一）形而上学性与形上性

本小节主要是从形而上学性和形上性来区别作为认知概念的进步观念和作为伦理理念的进步观念，因此有必要对形而上学性和形上性这两个概念进行界定和区分。

形而上学性主要是指传统形而上学所内在具有的思维方式使得被其把握的观念所必然具有的特征。"所谓形而上学思维方式，就是一种试图从一元化的、非历史的终极存在来把握人与世界的一种思维方式，是一种迷恋于最终主宰、'第一原理'和最高统一性的思维方式。寻求绝对实在的'绝对主义'、寻求一元化原则的'总体主义'、寻求永恒在场者的'非历史主义'，这三者构成了形而上学思维方式的根本特征。"① 在形而上学思维方式的支配下，传统哲学一直是一种知识论的立场，即通过规定性的认知概念来为存在者寻找存在的根据和意义。这种知识论的立场从哲学的开端就已经存在了，并且在哲学的发展过程中越来越清晰地显现出来。传统思想家的理论目标都是想得到关于对象的绝对知识和客观真理。

形上性在这里是指对人自身所具有的一种形上本性或者说超越维度的彰显。人自身所具有的这种形上本性使得我们人类与动物有本质性的区别。因为这种形上本性"是一种表达着人们渴望超越'未成年'的幼稚状态，憧憬和追求自身'成熟状态'或'理想生命'的一种强烈的生命意志和生存意向，代表着一种人不满足于有

---

① 贺来. 边界意识与人的解放［M］. 上海：上海人民出版社，2007：58－59.

限的、不完美的生存状态而追求无限的、完善的生命存在状态的心理定势和生命冲动"①。其实哲学作为一种理论形态的形而上学，其内在的根据是人自身所具有的那种生命形态的形上本性。不过作为我们人类自身的形上生命与作为理论的形而上学还是有着本质区别的。理论化的形而上学虽然本旨是要彰显人自身所具有的形上本性，但是由于它自身的形而上学思维方式及其知识论的立场，使得它在另一方面又限制了人内在形上本性的彰显。

　　当把进步观念当作一种认知概念来理解和阐释的时候，我们其实是把进步观念放在知识论的立场来理解，也就是用一种知性的逻辑和概念化的思维来把握进步观念。作为认知概念的进步观念是关于人类历史整体运演过程的一种知识和真理，它为我们理解历史的运演提供了一个客观的规律。根据进步观念这个历史运演过程所必然遵循的规律，我们可以推测人类历史的运演必然是不断地趋向于一个美好的未来，人世间的苦难与不幸会在历史的进步过程中不断地被缩减和消除。我们人类历史的未来是不断地改善的，这是进步观念所揭示给我们的，也是人类历史的宿命，是人类历史自身所具有的内在属性，除非地球毁灭，否则人类历史的进步就是不以人的意志为转移的。也就是说，作为认知概念的进步观念为我们提供了一把打开历史之谜的钥匙，是关于人类历史运演过程的一个法则和规律。

　　作为认知概念的进步观念之所以具有这样的特征，主要是因为我们使用一种形而上学的思维方式，把进步观念放在一种知识论的

_____

① 贺来. 边界意识与人的解放［M］. 上海：上海人民出版社，2007：42.

立场来理解，使它具有了一种形而上学性。首先，用一种形而上学的思维方式来看的话，思想家的根本任务就是为我们人类发现那些必然的法则和规律，这样才可以为我们的生活找到一个稳固的"阿基米德点"。而进步观念如果被看作关于人类历史整体运演过程的一个客观的法则和规律，就为我们理解和推演历史提供了一个稳固的模式和框架。我们就为现象繁杂的历史找到了一个内在的真理，从而就可以超越偶然性和相对性，与绝对和永恒相伴。其次，"形而上学代表着一种在两极对立的关系中寻求一元统一性、在二元等级关系中寻求单极绝对权威的思维方式和生存方式，它反感'矛盾'和'冲突'，极为厌恶'差异'，强烈拒斥'偶然'"①。在这种形而上学思维方式下，"一既是原理和本质，也是原则和本源。从论证和发生意义上讲，多源于一；由于这个本源，多表现为一种整饬有序的多样性②。"作为认知概念的进步观念，就是要用一种进步的逻辑去规定历史中的那些偶然性和差异性，而且这种规定是一种客观的、实在的规定。在这种进步的逻辑之下，一切历史的偶然性和差异性都失去了本有的特征而成为进步逻辑的一个环节和因素。再次，从传统形而上学和知识论立场来看，只有捕获时间中的永恒性，历史中的非历史性，我们才能真正把握本真的而不是虚幻的存在。因此"超越时间和历史的永恒才是思想和生命的归宿，必须'杀死''时间'，'消灭''历史'，把历史之流中的一切还原为与时间无关的永恒在场者，人的知识、行动、生存才会获得充分的合法性并因此逃

---

① 贺来. 边界意识与人的解放［M］. 上海：上海人民出版社，2007：58.
② 〔德〕于尔根·哈贝马斯. 现代性的哲学话语［M］. 曹卫东，译. 上海：译林出版社，2001：29.

避'怀疑论'的质疑，人的生活才会获得内在的坚定性并因此逃避'虚无主义的威胁'"。① 而进步观念被当作人类历史运演过程所必然遵循的客观规律，就意味着进步观念已经逃脱了时间和历史性的约束，对我们人类历史而言，进步就是一个永恒的在场者，是无法摆脱的宿命。所以当进步观念被当作一种认知概念来理解的时候，我们其实就是在用一种知性逻辑来规定进步观念，而这种知性逻辑在很大程度上受形而上学思维方式所支配，这种进步观念内在地也具有了一种形而上学性。

　　作为伦理理念的进步观念就与此不同了，因为在此解释原则之下，进步观念不是关于人类历史运演过程的一种规定性的认识，而仅仅是我们对人类历史整体运演过程的一种反思性的结果。这样的话，进步观念就无法在我们的经验认识中被证实或证伪，或者按照康德的意思，我们根本不可能为进步观念找到一个契合的感性直观。此时进步观念没有理论认识上的客观实在性，而仅仅是为我们提供一种理解历史整体运演过程的新的思路和启发，所以进步观念不过是我们主观理性通过反思历史整体运演过程而提供给自己的一种原则，是一种包含伦理价值因素的理性反思。作为伦理理念的进步观念，首先，可以为我们知识的系统化提供一种统一性的作用，但这种统一性仅仅是一种调节性的统一性，它不是一种抽象的统一性，不具有同一性逻辑所具有的强制性和客观性，它更多的是在各种偶然性和差异性之中起一个范导和调节的作用，这与作为认知概念理解的进步观念所提供的统一性是有区别的。其次，进步观念作为一

---

① 贺来. 边界意识与人的解放［M］. 上海：上海人民出版社，2007：58.

种伦理理念来理解就没有那种客观的实在性。它不是揭示了历史现象背后的真理和规律，而仅仅是我们理性反思出的一般性理念，因而，进步观念就能进一步彰显作为我们人类内在本性的形上维度。如果进步观念是一种不以人的意志为转移的客观规律，那么它虽然力求彰显人的形上生命，但是由于其客观性和必然性，人的形上生命在另一个侧面上遭到了窒息。最后，由于作为伦理理念的进步观念仅仅为我们提供了一种理解历史的视角，而且是我们加之于自身的，并不是对历史本身运演的客观规定，所以进步观念并不是超出时间和历史之外的一种永恒的在场者和主宰者。

　　基于以上的分析，我们认为，作为认知概念的进步观念是从一种知识论的立场来理解，遵从的是一种知性的逻辑，力图把自己表征为超越历史和时间的永恒客观规律，因此不自觉地受制于一种形而上学思维方式或者说同一性逻辑的束缚，从而也就具有了一种形而上学性。而作为伦理理念的进步观念因为把自己定位于一种理性的反思，并且是一个具有超越维度的反思，它限制了自身的实在性。其目的仅仅是为我们理解历史的运演过程提供一种思路和视角，而并不是用来规定历史本身。这样的话作为伦理理念的进步观念就避免了使自己成为一种客观的进步逻辑，从而能更好地彰显人的形上本性。因此我们说，作为认知概念的进步观念更多地具有一种形而上学性，而作为伦理理念的进步观念则更多地具有一种形上性，前者逐渐演变为一种强制消除一切差异性的同一性逻辑，后者则用一种理性反思来统一历史中的偶然性和多样性，但这种统一不具有客观规定性。

（二）规定性与反思性

我们这里所说的规定性和反思性主要是利用康德对判断力的两种区分来进行规定的，但是又不完全等同于康德的界定。在康德那里，规定性和反思性是他对我们判断力的一种区分。康德认为："一般判断力是把特殊思考为包含在普遍之下的能力。如果普遍的东西（规则、原则、规律）被给予了，那么把特殊归摄于它们之下的那个判断力（即使它作为先验的判断力先天地指定了惟有依次才能归摄到那个普遍之下的那个条件）就是规定性的。但是如果只有特殊被给予了，判断力必须为此去寻求普遍，那么这种判断力就只是反思性的。"① 在康德那里，所谓规定性的判断力就是那种普遍的原则已经被给予，可以让我们去规定和统摄特殊的判断力，而那种只有"特殊"被给予，而"普遍"还需要我们来提供的判断力就是一种反思性的判断力。规定性判断力可以为我们增加知识，或者说我们的知识都是通过规定性的判断力才成为可能。反思性的判断力虽然不能为我们提供关于对象的知识，却能为我们理解和阐释对象提供一种反思性的原则，所以也是有其价值和意义的。

我们这里所说的规定性和反思性主要是借指两种性质不同的观念，所谓规定性的观念就是那种作为揭示客观对象的知识、真理和规律的观念，是关于对象自身客观属性的一种揭示，因此也是对对象的一种规定性的认识，在很大程度上，一种规定性的观念就是一种从知识论的立场来理解的观念，是客观理性的产物；而所谓反思

---

① 〔德〕康德．判断力批判［M］．邓晓芒，译．北京：人民出版社，2002：13－14.

性的观念，则是指那种我们通过反思对象整体而给予自身的一种观念，这种观念并不是作为对象的客观知识而存在的，而仅仅是我们理性为了从另外一个理论视角来理解和阐释对象而反思出来的，是主观理性的产物。也就是说我们这里的规定性和反思性不是指两种不同的判断力，而是指两种性质不同的观念。

当进步观念被作为一种认知概念来理解和阐释时，我们认为这时的进步观念是一种规定性的观念。此时的进步观念被看作我们人类历史整体运演过程的一种法则和规律，进步观念揭示了人类历史整体运演过程的内在属性，是一种关于人类历史整体的规定性的认知概念。此时的进步观念作为一种普遍性的原则是客观性的，这种客观性为我们认知历史整体运演过程提供了一种客观的模式，在这种进步观念的统摄下，历史运演过程的一切偶然性和反复性都可以得到最终的统一，都要从属于这一客观的规定。作为认知概念的进步观念就是我们为人类历史整体运演过程颁布的一个客观法则，可以说是"人为历史立法"，我们的客观理性为人类历史提供了一个规律。我们认为历史就是一个不断进步的过程，进步对于人类历史就是一个铁的法则，就像万有引力对于地球上的物体一样，我们无论如何是逃脱不了进步的命运的。如果说万有引力定律是物理领域的规律，那么进步观念就是历史领域的规律，虽然二者支配的领域不同，但其都是一种不以人的意志为转移的客观规律，它们都是关于对象的一种规定性的知识。也是在这个意义上，我们认为那种作为认知概念的进步观念是一种规定性的观念。

而以伦理理念的解释原则来理解和阐释的进步观念，并不具有知识论的意义。也就是说，此时进步观念并不为我们提供关于人类历史运演过程的知识，而仅仅是作为一个一般的调节性的理念出现的。不过进步观念作为一个普遍历史的理念，不同于那种纯粹思辨意义上的先验理念，即上帝、灵魂不朽和宇宙全体，"而是'一般的理念'，即理论理性或实践理性考察某类经验的全体时所涉及的理性概念，这类概念是我们思考、观察某类事物的出发点或者说参照系。正如康德所说，作为理性概念的理念，每一个'都可以被认为是一个点，作为一个观察者的站立点，它有自己的视界，许多的事物都可以表象为好像是从这个立场上被审视的。这个视界必须能够包含无限多个点，每一个点有其自己的更为狭窄的视界'。一方面，较大的视界中总包含较小的视界，另一方面，较小的视界总是包含在较大的世界中的"①。如果按照康德对一般理念的规定来理解进步观念的话，那么进步观念也就是普遍历史理念中的一个，进步观念为我们所提供的就是一个新的理论视界，从这个特定的理论视界出发，我们可以对人类历史整体的运演进行理解和阐释。如果这样来理解进步观念，它就不能揭示关于人类历史整体运演过程的真理和规律，也不再是一个建构性和规定性的观念。此时进步观念仅仅是我们理解和阐释历史整体运演过程的一种主观原理或准则，或者说是我们通过反思判断力从历史整体中得到的一种普遍性，但这种普遍性对于历史本身而言并不具有客观规定性。我们认为此时进步观念在很大程度上是一种反思性的观念，即不是作为关于历史整体运演的规定性的知识，而是为我们能够从另一个视角观察历史整体的运演提供一种可能性，它是我们主观理性反思的可能性，而不是客观理性

---

① 李梅. 权利与正义：康德政治哲学研究［M］. 北京：社会科学文献出版社，2000：80.

立法的可能性。

通过以上的分析和对比，我们认为如果借用康德对判断力所作的两种区分，即规定性判断力和反思性判断力，并对此进行转换，那么我们认为也有两种不同的进步观念，一种是作为认知概念的进步观念，它是关于人类历史整体运演的规定性的知识、法则和规律，所以我们认为这种进步观念具有规定性的特征。另一种是作为伦理理念的进步观念，它只是理性的一种具有伦理理念的反思，提供一种新的理论视界，并不提供关于人类历史运演过程的规定性的知识，因而这种进步观念就具有反思性的特征。

（三）唯实论与唯名论

唯实论和唯名论是中世纪经院哲学的两个重要的哲学派别。原意是要争论共相是否具有客观实在性，也就是普遍性的理念、观念是否能够独立于个别事物而在客观上存在。唯实论认为相对于一般的个别事物，共相或者说普遍的理念更具有实在性，认为共相非但不依赖于个别事物，反而先于个别事物并派生出个别事物，因此共相和理念具有客观实在性。当然唯实论也分为极端的唯实论和温和的唯实论，前者坚决拒绝承认个别事物的客观实在性，而只承认共相、理念才具有客观实在性。后者则有条件地承认个别事物的存在，但依然认为理念和共相比个别事物更具实在性。

唯名论则认为只有个别事物才具有一种客观实在性，个别事物先于共相和理念，理念和共相不过是我们用来指代个别事物的名称和符号，自身并没有客观实在性。唯名论也分为极端的唯名论和温和的唯名论，在前者看来，共相和理念只不过是关于个别的名称和符号，与个别事物并无任何实在的关联，不具有任何客观实在性。后者则在某种程度上承认了共相、理念与个别事物的某种关联，但依然坚持个别事物优先于共相和理念，并认为理念和共相只存在于我们的思想和头脑中，并无外在的客观实在性。

借用唯实论和唯名论的概念只是为了进一步区分两种进步观念的特征，并不是完全利用其本来的理论旨趣。我们认为作为认知概念的进步观念更多地具有一种唯实论的特征，因为这种进步观念所表达的是一种关于人类历史整体运演的规定性的知识，是客观的法则和规律。此时，进步观念对于人类历史的运演就是一个不以人的意志为转移的法则，只要人类历史依然存在和运行，进步观念的客观性和必然性就是毋庸置疑的。历史虽然是我们人类实践的总和，却并不由人类自身来支配，更不受某一个人的意志所左右，它所遵循的是一种客观的必然性，没有什么可以改变这一点。作为认知概念的进步观念就是要表达自身的客观性和必然性，就是要在人类历史的实践之外显示自身的实在性。相对于我们具体的意志和实践，进步观念作为一种共相和一般，更具有自身的实在性和客观性。也就是说，如果把进步观念作为认知概念来理解，作为人类历史运演过程的客观知识和规律来理解，它在某种程度上就具有了一种超越于我们人类历史实践的客观实在性。这时，在类比的意义上，进步观念具有了一种唯实论的色彩，虽然这种色彩不是那么极端，但进步观念作为一种具有客观性和必然性的规律和共相，总是具有一种比我们人类具体的实践行为更多的实在性。

作为伦理理念的进步观念具有另一种特征。此时的进步观念不再是一种关于人类历史运演的规定性的知识和客观规律，而仅仅是我们为了能够更好地理解和阐释人类历史而由理性反思出来的一个具有调节性的观念。我们提出进步观念只是用它来帮助我们理解和阐释历史。此时进步观念并不源于我们的经验观察，也不能通过我们的历史来证实或证伪。也就是说，人类历史的整体运演过程是否真正符合进步观念并不重要，因为它本来就不是一个经验性的观念，自然也就不能通过经验来证明其合理性。但进步观念作为一种伦理理念却具有很重要的意义，根据康德的意思，这种理念虽然不具有客观规定性，却可以为我们理解对象提供一个新的视界。因为这种一般的"理念是我们用来理解事物的主观的原则，对于人类的理性来说，这样的原则是必不可少的，它使我们能够在某种意义上把握经验整体，使我们能够从某种统一性的角度理解世界和我们自身。可以说，没有理念我们就不能理解自然和历史，因为自然和历史作为一类经验整体，是不能通过直观被给予我们的，何况历史涉及人的活动，因而必然涉及道德，涉及我们对历史的道德评价，这也是经验所无能为力的"①。因此，进步观念作为关于人类历史整体的一般性理念，对于我们理解人类历史整体是非常重要的，而且这种进步观念的调节，对于人类具体的实践也有积极的影响。作为伦理理念的进步观念只不过是我们理性的一个反思，而且是具有伦理价值的反思，在人类历史本身并没有任何客观的实在性，也不具有那种超出我们具体历史实践的客观实在性。在此意义上，我们认为如果以一种伦理理念的原则来理解和阐释进步观念，它在某种程度上就具有一种唯名论的色彩。此时的进步观念作为一种共相并没有超出

① 李梅. 权利与正义：康德政治哲学研究［M］. 北京：社会科学文献出版社，2000：82.

个别事物的客观实在性，而是以承认人类历史实践的实在性为前提的，是我们对人类历史的运演过程进行反思的结果。

通过以上的分析和论证，我们可以谨慎地认为，作为一种认知概念的进步观念，由于内在地强调了自身作为一种观念的客观实在性而具有一种唯实论的色彩。而那种以伦理理念的原则来理解的进步观念，因为把自身的实在性限制在一个非理论性的领域，即把自己归为一种主观性而非客观性的原理，防止自己作为一种规定性的观念出现，因而就避免被客观实在化的危险，我们认为这种进步观念在某种程度上具有一种唯名论的色彩。

本节我们从三个方面对作为认知概念的进步观念与作为伦理理念的进步观念进行了细致的分析和对比，作为认知概念来理解的进步观念，由于把自身看作关于人类历史运演的一种规定性的认知，定位于一种稳定法则和客观规律，因此就具有形而上学性、规定性和唯实论的特征。与此相比，那种作为伦理理念的进步观念由于限制了自身的实在性，把自己定位于一种具有伦理价值的理念，目的仅仅是为我们理解和阐释历史提供一种新的视界和思路，所以就具有形上性、反思性和唯名论的特征。以上的对比只是在特定的层面来揭示两种不同的进步观念的区别，目的也仅在于说明在不同的解释原则下，对进步观念的理解具有一种本质性的区别，其基本的理论旨趣和特征也会有重大的不同。作为认知概念的进步观念就是要为我们提供一种关于人类历史运演过程的规定性的知识和规律，而作为伦理理念的进步观念仅仅是要为我们提供一种关于人类历史运演过程的反思性的视界。

不过通过以上对比和区分，在某种程度上，我们也表达了对进步观念的理论态度，即我们更偏重于作为伦理理念的进步观念而非认知概念的进步观念。而且我们认为只有以伦理理念的解释原则来理解进步观念，进步观念所具有的积极作用才能得到真正的彰显。我们下面就专门论证进步观念只有作为一种伦理理念才具有自身的合法性，或者说为什么我们认为伦理理念的解释原则更适合用来理解进步。

四、进步观念的合法解释原则：伦理理念的解释原则

本节将具体论证，只有以一种伦理理念的解释原则来理解时，进步观念才更具合法性。或者说相比认知概念的解释原则，伦理理念的解释原则更适合于进步观念。我们将从三个方面来论证。首先，对进步观念与目的论的关系进行分析，指出进步观念本身的产生和建构内在地需要一种目的论的支撑，且进步观念只是目的论这一理论体系所包含的一部分。如果目的论的理论体系不过是我们为了更好地理解自然和历史而反思出来的一个理论原则，进步观念从根本上来说就不可能作为规定性和建构性的观念来理解，即我们无法用一种认知概念的解释原则来理解进步观念，而只能把它当作一种伦理理念来理解。其次，我们以历史总体的不可直观性作为切入点，从而论证我们无法把进步观念当作关于历史整体运演过程的知识和规律，而只能作为一般性的理念来理解，也就是说，我们无法在人类历史的经验中证实或证伪进步观念，它只是我们理性所反思到的一个具有伦理价值的理念。最后，通过揭示人类历史实践中所具有

的不可消除的偶然性和异质性，来论证我们根本不可能就历史整体的运演过程得到一个客观的规律，所谓历史遵循进步的规律不过是我们的一种美好愿望。人类是历史的主人，历史不过是我们人类实践活动的结果，不可能在我们实践之外有一种客观的进步规律存在。下面我们进入具体论证的层面。

（一）进步观念与目的论

不管我们如何理解进步观念，它都与目的论分不开，或者说没有一种目的论的支撑，我们无法设想进步观念的产生。只要我们以进步观念来理解和阐释历史整体的运演过程，不论它是关于历史的一个规定性的知识，或仅仅是一种理性的反思，都意味着人类历史是不断地趋向于一个目标或目的，否则我们是无法理解什么是历史的进步或改善的。只有当我们认为历史是在不断地接近于一个目的，才能认为历史是不断进步的。当然这种历史的目的是一种实体性的目的，还是一种反思性的目的，我们暂时存而不论。我们现在只是说没有一种目的论的支撑，就不可能有进步观念，不管是何种性质的进步观念。

目的论是一种什么样的理论呢？根据康德的意思，目的论是区别于机械论的另一种理解事物的原则。机械论对认知和理解任何经验对象都是必需的，因为所有的经验对象都遵循一种自然的必然性，但是仅仅用一种机械论来理解，一些事物和现象肯定无法得到充分说明。康德认为："单是一根草的内部形式就足以证明它的起源对于我们人类的评判能力来说只有按照目的规则才是可能的。"① 机械论的观点在解释无机物时尚可以自圆其说，但是一遇到有机物，就会显得有些力不从心了。因为"一个有机的自然产物是这样的，在其中一切都是目的而交互地也是手段。在其中，没有任何东西是白费的，无目的的，或是要归之于某种盲目的自然机械作用的"。即便那些动植物学家在研究有机物的时候，"事实上，他们也不可能宣布与这条目的论的原理脱离关系，正如不能宣布与普遍的物理学原理脱离关系一样，因为，如同放弃了物理学的原理就根本不会给我们留下任何一般经验一样，放弃了目的论的原理，也就不会给我们留下任何对我们一度以目的论的方式在自然目的概念之下思考过的某一类自然物进行观察的线索"②。因此，目的论的理念为我们理解事物提供了另外一种秩序，它是通过一种类比而引申出来的，仿佛事物自身内在地具有一种合目的性，以至于我们把这种合目的性的意图赋予一切有机物、自然和人类历史。从而我们就可以用一种不同于自然必然性的机械论来理解和阐释自然和历史。

目的论的理念虽然为多样性提供了一种统一性，但它不是一种客观的统一性，不是事物自身所具有的统一性，而仅仅是一种理念的统一性。也就是说目的论并不是关于自然和历史的一种规定性的认知概念，不提供任何建构性的观念和理论。因为"我们凭借它也绝对没有断定任何一个我们根据这一原则来评判的某物是不是自然界的有意的目的：草是否为着牛或羊而存在，而牛或羊及其他自然物是否为着人而存在。妥当的做法是，哪怕我们所不喜欢和在特殊

---

① 〔德〕康德. 判断力批判［M］. 邓晓芒，译. 北京：人民出版社，2002：228.
② 〔德〕康德. 判断力批判［M］. 邓晓芒，译. 北京：人民出版社，2002：226－227.

的关系中是违背目的的东西也从这一方面来考察"。甚至那些看起来根本没有任何目的性而言的东西，"如果以这种方式来考察的话，也提供了一种很有趣的，有时甚至是很有教益的对事物的目的论秩序的展望，没有这样一条原则而单凭无力的观察是不会把我们引到这种展望上去的"①。因此，目的论的秩序是无法从经验中得来的，而只能是一种理性的先天原则，而且是一种主观的原则。所以那些用目的论的秩序所带来的事物之间联接的必然性，仅仅是就我们理念自身的结合而言的，而不是针对事物的内在性质。

因此，把目的论的原则界定为一种调节性的和主观性的原则就极为重要，这也是其应用的一个界限。如果把目的论的原则界定为一种客观原则，像机械论那样的话，目的论就成为对象自身所具有的客观属性。我们用一种目的论的方式来理解和阐释对象，所得到的就是关于对象的一种客观知识和真理。这样的话，对象就会存在两种客观原则，一种是机械论原则，一种是目的论原则。这是两种完全异质性的原则，如果它们都是客观原则的话，必然会导致康德意义上的无法解决的二律背反。而且就目的论自身来源而言，它也只能是一种关于事物秩序的主观原则，我们无法就目的论所指的对象有一个感性的直观与之相对应。所以目的论只能是一种反思判断力的产物，而不像机械论那样成为一种规定性判断力的产物。

混淆目的论原则的性质会产生极为严重的后果。如果把目的论原则作为一种主观原则来理解的话，它就只是一个主观的准则，"这时那个原因性的概念只是一个理念，我们绝不打算承认这个理念有

---

① 〔德〕康德. 判断力批判［M］. 邓晓芒，译. 北京：人民出版社，2002：229 - 230.

实在性，而只是把它用作反思的引导，同时这种反思对于一切机械的解释根据永远保持着开放，而不与感官世界失去联系"。而如果把目的论原则作为一种规定性的认知概念来理解，目的论"这条原理就会是一条客观的原则，这条原则将是理性所制定的，并且是判断力必须规定性地服从的，但这时理性就会超出了感官世界而迷失于狂言高调之中，并有可能被引入歧途"①。也就是说，目的论的原则一旦作为一种客观原则来理解，就会被引入歧途而陷于狂言高调之中。目的论原则理解的合法性，就在于把其限制为一种主观的和反思性的理念，使其不能冒充为一种关于对象的客观原则。

根据上面的分析，进步观念是以目的论为理论前提的，而如果整个目的论的理论体系都是一种调节性的和主观性的理念体系，那么进步观念也就只能是我们理性反思的观念，只能是一种关于人类历史的主观原则而非客观原则，它并不提供关于人类历史自身的一种规定性的认知概念，而仅仅为我们理解和阐释历史运演过程提供一种秩序。从这一方面来讲，我们只能把进步观念作为一种理念而非知识来理解，或者用本书的观点，进步观念只能是一种具有伦理价值的理念，而非关于对象的认知概念。因此，我们觉得伦理理念的解释原则比认知概念的解释原则更适合于对进步观念的理解和阐释，也能防止进步观念超出自己的合法界限而被非法使用。

（二）历史总体的非直观性

本小节主要是以历史总体的不可直观性为切入点，进一步论证

---

① 〔德〕康德. 判断力批判［M］. 邓晓芒，译. 北京：人民出版社，2002：240.

进步观念不可能是关于历史运演的客观知识，而只能是我们主观理性赋予自身理解历史运演过程的一个主观原则。

如果说进步观念强调人类历史是一个不断进步的过程，是一个不断趋向于完善的过程，它所指的就是一个总体的过程。这可以从横向和纵向两个层面进行分析。首先，就横向而言，进步观念不仅仅是指我们人类历史的某一个方面的进步，例如财富、道德或文化某一个方面或几个方面的进步，而是指社会历史整体的方方面面都在进步，历史的方方面面就是要把人类历史的所有面向一网打尽。一句话，进步观念在人类历史的横向层面是指一切面向都在进步，不这样理解的话，就根本不会有进步观念的确立，因为历史是多面向的，某一个方面或几个方面的进步不足以说明人类历史就是不断进步的。其次，就纵向而言，进步观念意味着我们整个人类的历史就是一个不断进步的历史。这个人类历史包括人类自存在到消灭之间的历史，是一个总体性的对象。就是说，进步观念不管是意指人类历史的横向方面还是纵向方面，都是意指一个全体和总体。

然而"总体"对于我们而言是一个什么样的对象呢？根据康德的观点，总体不是一个可以经验直观的对象，或者换一种说法，在我们的经验中总体不具有任何客观实在性，我们的经验直观是受时空限制的，而总体总是要超出时空限制，否则的话也就不是总体。如果总体不具有一种经验的客观实在性，那么总体是对什么而言的呢？它的意义和价值又是什么呢？其实，总体在很大程度上只是我们逻辑思维的结果，或者说总体只能出现在思维中，是我们理论的产物。但是有趣的是，虽然我们可以思维"整体或总体"，然而我们却不可能认识它们，我们无法为总体找到一种规定性的理论。也就是说，总体虽然是我们逻辑思维的结果，但是对于我们的认识而言并不具有一种实在性。总体不是我们经验直观的对象，我们无法对之形成任何规定性的知识。在康德看来，对于那些总体性的对象，我们只能形成一些理念，而不能形成知识。

因此，我们关于自然和历史总体不可能有任何规定性的知识和理论，而只能以反思性的判断力为根据，形成一些主观原则和准则，从而为理解和阐释总体性的对象提供另一种视界。如果人类历史总体是我们所无法认知的对象，我们就无法为历史总体的运演过程找到一种进步的规律。因此，进步观念不可能是关于历史总体运演的一种规定性的知识和理论，而只能是一种具有伦理价值的理念。

如果我们把关于历史运演过程的进步观念当作一般性的历史理念来理解，也就等于说没有一个经验直观是与进步观念相切合的。按照康德的理解，理念"在感官中是不能有任何与之重合的对象的。……如果我们举出一个理念，那么按照客体（即当作具有一个纯粹知性对象的理念）来说它，我们就说得太多，但如果按照主体（即就其在经验性条件之下的现实性而言）来说它，就恰恰因此说得太少，因为这个现实性作为一个极大值的概念，永远也不能与之重合地具体给予出来"①。只要是理念，不管是先天的纯粹理性的理念，还是一般性的理念，都不是关于对象的知识。因为知识要求观念与经验直观的契合，我们却无法给理念找到一种合适的经验直观。进步观念也是如此，我们在经验直观中无法直观到整个历史的进程，也就无法把进步观念作为历史整体运演的一种知识和规律。

---

① 〔德〕康德. 判断力批判 [M]. 邓晓芒，译. 北京：人民出版社，2002：278-279.

　　因为我们无法对人类历史总体的运演过程有经验直观的把握，所谓的历史整体不过是我们逻辑思维的结果，它不是我们经验直观的对象，所以我们无法对之形成任何真正的知识和规律。因此我们无法通过知性为历史总体立法，也就无法从根本上得出进步观念是关于人类历史整体运演过程的客观规律和真理这个结论。从这个意义上说，进步观念不能从知识论的立场来理解，不能被当作一种认知概念来看待，而只能当作一种伦理理念来理解。进步观念是一种关于历史整体运演的理念，它是一种反思性理念而非客观性知识。

（三）社会因素的异质性

　　这里所谓社会因素的异质性，主要是强调影响历史运演的因素千差万别，很难用同一性的逻辑一网打尽。把进步观念当作一种客观规律和真理来理解，就是要为人类历史的运演找到一个终极和永恒的真理，要把人类历史和实践中的一切不符合进步观念的因素转化为历史进步规律中的中介和环节。就像黑格尔的逻辑学所做到的那样，把一切东西都看作绝对精神自我运演过程中的一个环节，并促成绝对精神的自我成长。所以在黑格尔的历史哲学中，一切异质性的因素都要转化为促进自由进步的积极因素，是这些消极性和异质性的因素为历史的进步提供了源源不断的动力，从而使进步在历史中得到显现。至于那些对历史进步不能产生什么重大影响的因素，都可以被视为无关紧要的东西而被忽视。

　　这一点同样能从把进步当作历史客观规律的黑格尔那里得到印证。在黑格尔的历史哲学中，关心的是那些体现了绝对精神和理性的历史英雄和历史民族，而对于普通的无足轻重的个人或民族，是可以被忽略和牺牲的，而且从某种程度上，历史的进步必然是以牺牲它们为代价的。即便是那些所谓的历史英雄和历史民族也都只不过是历史进步的承载者，是一种在更高程度上的环节和代价，其自身并不具有绝对的价值和意义。他认为，为了促进绝对精神和理性在历史中的前进，作为绝对精神的代表——历史英雄必然会在其实践的过程中损害一些个体的生命，那不过是一些为历史进步的车轮碾过所必然付出的代价，是不必为之伤感的。对于那些非历史民族和发生过作用的历史民族，黑格尔认为是不值得认真对待的。他认为整个人类历史不过是几个历史民族不断交替发生影响的过程，是一个线性的不断进步的过程，在这个过程中，每一时期只能有一个历史民族代表着绝对精神，其余的都是一些可以忽略的历史偶然性，是不值得进行历史考察的对象。虽然黑格尔极力为自己的历史哲学辩解，认为这是一种历史与逻辑的统一，不是一种抽象的玄思。但黑格尔的历史已经是一种思辨逻辑所裁定的历史了，这种历史与人类真正的、现实的历史是绝对不同的。我们的历史之所以真实，就在于它有着不可被消除和忽视的差异性和特殊性。凡是我们用逻辑所把握的历史，都是消除了很多差异性和特殊性的历史，是一种逻辑化的历史，它本身就是逻辑化的结果，但这种历史已经不再是经验性的历史，因为正是那数不清的异质性和特殊性才使得历史具有一种生命感的特征。消除或忽略差异性，就是在"理论上革历史的命"。

阿多诺对此做出了极为深刻的揭示和批判，他认为，"在历史中，黑格尔站在了历史的不变要素一边，站在了过程的永远如一的同一性一边，这个过程的总体性被说成是福祉。可以非常直截了当地指责黑格尔把历史神话了，他用'精神'和'和解'的词语来掩饰令人窒息的神话：'天性上偶然的东西碰上了偶然事件，所以这种命运是必然性，如同哲学和概念想永远使纯偶然性的观点消失并在其中（如在现象中）认识到它的本质、必然性一样。有限的东西、财产和生命必然地被设定为偶然的，因为这是有限性的概念。这种必然性具有自然力的形式，一切有限的东西都是会灭亡和消失的'。"① 也就是说，虽然黑格尔也认识到偶然性和有限性是我们现实生活和历史的一种无法消除的因素，但他依然遵循西方哲学思想的传统，要从有限性和偶然性中超脱出来，达到一种无限性和必然性，并认为后者才是真实的，前者只不过是一种表象而非本质。也正是因为如此，在一切必然性和客观规律面前，偶然性就是一个危险的敌人，就是一个必须要尽力消除的因素。黑格尔力图用辩证法去涵盖所有的异质性因素，这不仅是不可能的，而且必然会不断瓦解他自身的逻辑体系。

历史自身不但具有偶然性和差异性，而且它作为人类实践的产物，同时具有人类实践所带来的那种差异性。历史作为人类实践的产物，它是受各种目的、意志和价值等因素影响的，而这些因素又是相互掺杂和不断变化的，因此历史所具有的那种异质性和偶然性就更加明显和复杂。对于我们而言，认识和尊重历史中所包含的异质性和偶然性是极为重要的理论品质。所以阿多诺认为，"在历史的高度，哲学真正感兴趣的东西是黑格尔按照传统而表现出的他不感兴趣的东西——概念性、个别性和特殊性。自柏拉图以来，这些东

---

① 〔德〕阿多尔诺. 否定的辩证法［M］. 张峰，译. 重庆：重庆出版社，1993：357－358.

西总被当作暂时的和无意义的东西而打发掉，黑格尔称其为'惰性的实存'。"① 正是这些不能被概念所涵盖的异质性和偶然性的因素，才使得我们的生活显得更加丰富和真实，也正是它们的存在，才使得那种抽象的同一性逻辑没有现实的理论根基。

在罗蒂看来，偶然性对于人类历史来说是一种不可被消除和忽视的因素。他通过对语言、自我和社会进行分析和描述，把它们界定为历史偶然的产物，从而进一步提升偶然性对人类社会历史的重要性。当他把自己定位于一名自由主义的反讽者时，就已经放弃那种妄图追求超越时间性和机缘性的真理和规律的传统了。在那篇《协同性还是客观性》的文章中，他对客观真理的存在进行了解构，认为传统意义上那种客观真理是一种形而上学的独断，不过是"镜式思维"的一种产物。如果还有真理的话，那么我们所能拥有的也只能是一种协同性的真理，这种真理不是我们发现的，而是在我们现实生活中被创造出来的，蕴含着我们的伦理和价值因素，虽然这种真理不具有绝对的客观性，但对现实生活依然有必要的约束性和规范性。

不管怎样，传统意义上的规律和真理对于我们而言已经是一种可望不可求的东西，历史中的异质和偶然性使得我们不可能得到那种具有客观性和必然性的社会规律和真理。因此，那种把进步观念定位成关于社会历史运演过程的客观规律和真理的观点是难以成立的。如果进步观念是一种规律，也已经不再是传统语境中的客观规律，而仅仅是我们在社会实践中通过协同性创造出来的规律，这里

---

① 〔德〕阿多尔诺. 否定的辩证法［M］. 张峰，译. 重庆：重庆出版社，1993：6.

面蕴含了一种伦理价值的因素，所以我们把进步观念当作一种伦理理念来理解更为合适。或许正是因为这样，罗蒂说："对于我们而言，思想与社会进步的目标，不再是真理，而是自由。"①

经过以上的分析和论证，我们可以基本上得出一个结论，那就是进步观念只有放在伦理理念的解释原则下来理解和阐释才更具有合法性。因此本书所说的要挽救的进步观念，就是这种作为伦理理念的进步观念，而不是那种作为认知概念的进步观念。

本章首先论证和分析了进步观念的两种解释原则，即认知概念的解释原则和伦理理念的解释原则，接着是把进步观念分别放在这两种解释原则下进行分析和对比，以揭示对进步观念我们应有两种性质截然不同的理解，然后是进一步从不同方面对比和揭示这两种进步观念的特性，从三个角度指出它们之间的区别，最后指出，进步观念只能以伦理理念的解释原则来理解才能被重新确立起来。

---

① 〔美〕理查德·罗蒂. 偶然、反讽与团结［M］. 徐文瑞，译. 北京：商务印书馆，2003：导论 4.

第四章

对进步观念两种态度的再审视

　　本章将主要分析一下传统意义上我们所理解的进步观念是一种什么性质的进步观念，以及对于这种进步观念我们所采取的两种截然不同的态度，并进一步对这两种态度本身进行批判分析。

　　本章将分两个部分进行展开。

　　第一部分我们将会论证传统意义上的进步观念主要是作为一种认知概念来理解的。也就是说，把进步看作关于人类历史运演过程的客观规律和真理，是历史本身所具有的内在属性。我们将通过追溯进步观念产生和确立的条件，以及一些思想家对进步观念内涵的规定来论证这种进步观念的性质，即一种认知概念的进步观念。正是在对这种进步观念的确立之中，很多思想家对进步观念作为一种认知概念来理解和阐释持一种肯定的态度。也就是说在很大程度上，我们所肯定的是那种作为客观规律和真理的进步观念。然而根据上文的分析，从认知概念来理解进步观念是对进步观念的一种滥用和误解，具有很多内在的消极因素，这也就是为什么进步观念会在现当代思想家眼中成为一个需要批判和消解的对象。因此，对作为认知概念的进步观念持完全肯定的态度是我们无法完全认同的。

第二部分将在第二章的基础上，来分析思想家对进步观念所持的另一种态度，即批判和否定的态度。因为我们在第二章已经集中论述了现当代思想家对进步观念所进行的批判和消解，所以在此我们只需要分析他们所猛烈批判和否定的进步观念是一种什么性质的进步观念，以及这种态度本身是否存在问题。我们将指出思想家所要求否定和消解的进步观念正是作为认知概念的进步观念。近代随着进步观念作为历史观得到普遍的宣传和确立，这种作为认知概念的进步观念自身所具有的内在缺陷也得到了充分的显现，使得这种进步观念的消极因素被思想家所捕捉。因此现当代思想家对作为客观规律的进步观念进行的批判，得到了普遍的认同。然而这种对进步观念持完全否定的态度也存在一定的问题，就是它完全忽视了另一种性质的进步观念。它是想通过完全消解和否定进步观念本身来达到批判那种作为认知概念的进步观念的理论目的，然而却忽视了进步作为伦理理念所具有的合法性，这就有了以偏概全的嫌疑。我们认为只要对进步观念进行一种划界和区分，在一定程度上还是可以保留进步观念的，但这是一种作为伦理理念的进步。

在对进步观念的两种态度——即肯定进步观念和否定进步观念进行分析以后，我们发现它们所指的都是作为认知概念的进步观念。根据形式逻辑的看法，我们不能对同一种理论既肯定又否定，二者之中只得选其一。但由于对进步观念的一种误解，即将它作为认知概念来理解，我们认为对进步观念的这两种态度都是值得重新考察的。我们认为只有把进步作为一种伦理理念来理解，才能解决进步观念在当代所面临的尴尬局面，即理论上被批判和否定，而实践中被信仰和坚持。因为我们在理论上所批判和消解的是一种作为认知概念的进步，而在实践中我们信仰的是作为伦理理念的进步。存在两种性质截然不同的进步观念，这种理论上的否定和实践中的肯定并不具有逻辑上的矛盾性，因为它们所意指的对象不同。

下面具体展开本章的论述，力求达到我们的理论目标。

一、传统理论态度：肯定作为认知概念的进步观念

从观念史上对进步观念进行考察，有两种不同的关于进步观念起源的观点。一种认为进步观念的起源可以追溯到古希腊时期，而不仅仅是现代人的一种专利。美国思想家斯坦利和尼斯贝特坚持的就是这种观点，坦利认为已经有思想家把进步观念追溯到古希腊时期了，他说，"晚近的路德维希·埃德尔斯坦教授认为希腊人和罗马人具有一种进步观念"①，他认为如果根据埃德尔斯坦对进步观念的规定，即进步观念是一种自然或人类所固有的倾向，是一种"发展式的增进"，那么古希腊人肯定具有这种进步的观念。"举一个显著的例子，亚里士多德将城邦的成长当作变化，而这种变化被看作自然的、好的；这即是说，城邦比更早更原始的政治组织形式要好，从某种意义上也要更'自然'。如果这种想法就是埃德尔斯坦先生所说的进步，那么希腊人肯定相信它。"尼斯贝特在评价斯坦利对进步观念的历史考察中称赞道："他相当清晰地阐明，对知识和文化进步的信念，远不是现代人的专利，它在古希腊和罗马的古典思想家那

---

① 〔法〕乔治·索雷尔. 进步的幻象［M］. 吕文江，译. 上海：上海人民出版社，2003：英译者导言11.

里有着大量的哲学性理解以及吸引力。对于斯坦利在西方思想中追究进步观念的根源的做法，怎么赞誉都不为过。"① 因此，尼斯贝特在《进步观念的历史》一书中就认为，早在古希腊时期进步观念就已经形成，并对此引经据典作了详细的论证。

另一种观点认为进步观念是近代思想的产物，尤其是在启蒙运动以后才真正得到确立，坚持这一点的人比较多，例如伯瑞和索雷尔。伯瑞通过对进步观念的历史考察，认为进步观念是在近代，特别是16世纪以后才逐渐出现，那种把进步观念的起源追溯到古希腊和罗马时期的观点是不合适的。他说："而今显得非常易于理解的进步的观念有着相对晚近的起源，这样说也许会使很多人大感诧异。的确有人宣称，包括古代的（例如塞涅卡）和中世纪的（例如修道士培根）各种各样的思想家在很早以前就孕育了这一观念。但是，零星的观察——诸如人类要通过一系列发明逐渐从原始和野蛮状态上升到某种程度的文明，或者人类关于自然的知识在未来得到某些累积的可能性——这些在人类反映的某个特定阶段必然出现的观察并不意味着就是这一观念的出现。这些观察的价值是由其出现在其中的整个观念语境决定的，而且必须由此来加以评估。观念的价值、观念的意义和观念的力量来自观念与未来的各种关系。人们也许认为文明在过去一直逐渐地发展，但是惟有继之设想文明在未来注定要无限期地继续发展时，人们才获得了进步的观念。观念有其智力方面的氛围。这一引论打算简要地阐明，传统的古代及随后的时代的智力氛围并非有利于关于进步的学说的诞生，直到16世纪，进步

_____

① 〔法〕乔治·索雷尔. 进步的幻象 ［M］. 吕文江，译. 上海：上海人民出版
　社，2003：英译者序言3.

的观念出现的障碍才开始无疑地得到超越，而一种有利的氛围也逐渐准备就绪。"① 在伯瑞看来，进步观念的出现和确立必须有一些前提，而这些前提到近代才开始逐渐具备，因此只有到17世纪，进步观念作为一种理论才得以初步确立。索雷尔认为，进步观念可以追溯到17世纪的古今作家之争这一历史运动之中。在这场古今之争中，人类自身的知识和智慧是不断进步的观点逐渐被明确和普遍接受。这一运动虽然开始时局限于文学作品领域，但是它的影响很快扩展到其他领域。"因为正是在被后世视作古代派与现代派之争的知识分子的优雅论战中，必然的、线性的进步观念得到了首次表述。……现代进步观念的出现，不是对历史状况的总结性概括，而是17世纪某些法国知识分子力图证明他们及其同辈在知识上优越于柏拉图和亚里士多德时所采取的某种修辞技巧。"②

　　学界在很大程度上都是采取后一种观点，即把进步观念当作近代思想的产物，并认为也只有到近代才有可能产生一种真正的进步观念。那种把进步观念追溯到古希腊的做法没有对它确立的前提进行考察，它们决定了进步观念是否能作为一个普遍的观念而得到承认和确立，而这些前提性的条件只有到近代才真正具备。本书将通过对进步观念确立的一些基本的前提条件进行梳理来论证进步观念到近代才能真正形成和确立。

---

① 〔英〕约翰·伯瑞. 进步的观念 [M]. 范祥涛，译. 上海：上海三联书店，2005：4.
② 〔法〕乔治·索雷尔. 进步的幻象 [M]. 吕文江，译. 上海：上海人民出版社，2003：英译者序言2-3.

（一）传统进步观念确立的前提

通过对观念史的考察我们可以看出，在某种程度上，古代历史观是一种循环论的历史观，即认为人类历史的运演遵循循环的法则，因而是一个不断循环的过程。"它是按照一个封闭的圆圈或圆形模式来看待时间和历史的，是不断地回归到最初的出发点，总是重复自身的运动。"① 这种循环论的历史观是与当时人类的认识和实践水平相符合的，特别是人类看到自然界的季节交替及其循环往复，使得这种历史观在当时很容易占据主导地位。而中世纪，由于基督教的统治，一种新的解释历史的观点得到认同，即天意观。天意观是伴随着上帝的全知、全能而来的观念，认为历史是上帝创造的，并受其支配。在循环论中，时间是无限的，历史无始无终永远循环不止。而在天意观中，历史对于上帝而言在时间上是有限的，只有上帝才是永恒的。人类虽然关注人类的救赎，不过是一种与尘世幸福无关的灵魂救赎。天意观从根本上是面向未来，有一种未来的意识，循环观则根本没有未来的意识。因此天意观与循环观在某种程度上是不可调和的。中世纪的天意观虽然有一种线性的时间意识，但由于基督教把历史分为神圣历史和世俗历史，且在它们看来时间的变化只适用于神圣历史的领域，而不适用于世俗历史的领域。"因此，线性的从时间的开端延伸到时间的终结的单向过程是属灵的，而不是属世的过程。在人的王国里，任何线性运动都不存在。世俗历史绝

---

① 〔英〕格鲁内尔. 历史哲学——批判的论文［M］. 隗仁莲，译. 桂林：广西师范大学出版社，2003：16.

不是以耶稣为转折点。"① 近代确立的进步观是以世俗历史的进步为前提的，而这对于天意观而言是很难接受的。局限于属灵领域的天意观，"它有可能对世俗事物采取一种同典型的古代人的态度相似的态度：在这个世界上，任何属于人类的事物都注定要灭亡；人类的所有成就都经受不住时间的考验；当我们回首往事的时候，我们发现一代又一代人既同大自然同时也彼此进行无效的斗争，徒劳无益地争取得到幸福和满足；没有理由期望这种情况会有所改变，因为，尘世的过去、现在和未来总是一成不变的。"② 因此，我们认为进步观念是与循环观念和天意观念内涵截然不同的一种观念，它是近代生存方式和思维方式的产物，它的确立需要一些基本的前提条件，而这些条件到近代才得到满足。

我们将从五个方面来论证进步观念得以确立的条件，即进步观念之所以能取代循环观念和天意观念而在近代以来成为一种普遍的历史观，主要是由于这些条件在近代人的生存方式和思维方式中得到了基本的展现。

1. 理性主体的支撑

首先，我们认为进步观念之所以在近代得到确立和普及，这得益于理性主体在近代的确立，或者说近代理性主体的确立是进步观念确立的一个必要前提。这一点我们可以对比循环观念和天意观念进行分析。

---

① 〔英〕格鲁内尔. 历史哲学——批判的论文 ［M］. 隗仁莲，译. 桂林：广西师范大学出版社，2003：26.

② 〔英〕格鲁内尔. 历史哲学——批判的论文 ［M］. 隗仁莲，译. 桂林：广西师范大学出版社，2003：27.

　　循环论的历史观认为历史中的一切都是不断循环往复的，这是一个客观的规律和法则。在这种历史观中，一切事物的价值和意义都是无法严肃对待的，因为历史是循环的。人在这种历史观中并不具有任何特殊的价值和意义，人和外界的自然物一样是要受自然规律和宇宙法则支配的。此时人还没有把自己作为一种具有自由意志的主体确立起来，更不用说把历史作为自身实践活动的产物来理解。在当时的历史背景下，人不可能有那种通过自身努力去不断改善历史的意识，我们可以用柏拉图的思想来描述这一特征。柏拉图认为世界是由神创造的，但世界并非是不朽的，而是遵循着一定秩序和法则在循环往复。也就是说世界会从有序逐渐陷入混乱，最后在神的支配下重新变为有序，这种过程不断重演。人在这种历史的循环演变中丝毫不能发挥任何有价值的作用，对于古人而言，他们很难设想历史经过一个长期的变化之后能到达一种完美的状态，也很难设想可以通过自身的实践去促进历史的改善。

　　作为一种神学的历史观，天意观念与循环观念有了本质性的区别。上帝是世界的创造者，万事万物都要受上帝这位全知、全能的普照光的照射。因此在天意观中，上帝的意志是一种绝对的意志，是一种无法破除的法则，一切都要以上帝的意志即天意为基础。作为天意观的关键事件——救赎和千年至福都与人的精神和灵魂有关，而与现实的尘世历史变迁无关。人虽然是上帝的子民，但由于原罪和堕落，尘世历史处处充满着苦难和不幸。人要想得救必须等待上帝的恩典，从尘世的历史进入神圣的历史。在这种救赎的过程中，人并不能发挥重要的作用，只能通过肉体的禁欲和痛苦来等待上帝的救赎。在天意观中，虽然存在一种未来可以进入的至福之地即上帝之城的可能性，但由于这种至福之地并不存在于人所真正生存的尘世之中，而是属于彼岸的天国。因此，人的努力和实践从根本上而言并不能使得此岸的地上之城有所完善，而且原罪的背负也使得他们很难想象去控制和改变世界，因此他们认为尘世历史中的一切都是没有真正价值和意义的，这里只不过是人们等待永恒救赎的一个场所，上帝的仁慈只适合于神圣的历史而不是这里。

但近代以来随着生产方式和思维方式的转变，这种彼岸的上帝之城或者天国已经不再是人们所向往和祈求的对象了。人们开始思考如何能把这种彼岸的天国在此岸现实化，或者说不是等待上帝的救赎，而是通过人自身的努力而实现一种"救赎"。这种新的救赎不再局限于精神的救赎，而是一种整体的救赎。理性主体的确立对于这种新的救赎就是一个不可或缺的前提条件，因为只有一种至高的理性主体得到确立，一切外在的权威才可能被超越，人类才可以设想通过自身的努力和实践在尘世的历史中取得一种"救赎"，即实现尘世历史的不断完善和进步，而不仅仅是无助地等待上帝的恩赐和救赎。

笛卡尔为理性主体的确立做出了极大的贡献，他为世界制定的两条原则，直接对那种外在的权威思想进行了挑战。这两条原则就是理性至高无上的原则和自然规律永恒不变的原则。伯瑞认为正是这两条原则的制定为进步观念在近代的确立提供了一种可能性。如果不能对外在的权威和传统进行质疑，我们就很难有那种通过自身的努力来不断消除人世间的苦难与不幸，实现人类生活的改善和历史进步的想法。他说，"只要人们相信希腊和罗马人在其文明鼎盛时期已经达到一种智力上的高度，而后人永远都不可能达到那一高度，只要那时的权威思想家们被奉若神明，无懈可击，那么退步论就会坚守阵地，从而排斥进步论"①。如果人是一种理性主体，就没有理由认为在智力上我们比不上古人，而是至少和他们具有等同的智力，如果不是更高的话。我们在文化和知识上所能取得的成果也就不会比他们少，如果知识和文化是累积的，我们所掌握的知识和文化就要多于他们。根据知识就是力量的说法，知识是可以帮助我们在尘世建立天国的工具，我们的历史就不会比他们的差，而是要比他们的更好。只要上帝作为一种外在的绝对实体支配着我们的历史而不被质疑，人类永远都不可能渴望尘世的进步和改善，上帝只关心属灵的历史而不关心尘世的历史，而且在上帝面前，人们也不可能设想通过自身的努力和实践来实现尘世历史的进步。因此，伯瑞对笛卡尔把理性原则确立为一种至上原则给予了高度的评价，他说："理性的至高无上的地位动摇了皇权，而权威和传统正是凭借这种权力对人们的思维施加了绝对的控制。笛卡尔的哲学思想无异于宣告了人的独立地位。"② 这种理性主体的确立，不但为思想家攻击和批判外在权威提供了工具，而且为论证人类历史的进步提供的根据。

正是因为坚信人是有理性的主体，启蒙时代的思想家才认为人类历史的不断完善和进步有可能。我们可以通过教育的普及和知识的累积，不断地把人的理性磨炼得更好，就像一面镜子被打磨得更光亮。这样，我们的理性就可以认识更多关于历史运演的真理，只

① 〔英〕约翰·伯瑞. 进步的观念 [M]. 范祥涛，译. 上海：上海三联书店，2005：47.
② 〔英〕约翰·伯瑞. 进步的观念 [M]. 范祥涛，译. 上海：上海三联书店，2005：46.

要遵循这些客观的法则并不断地努力，在人间建立天堂就绝不是一句空话，而是有保证的。正是因为理性主体的确立，孔多塞才敢放言，通过我们的努力和实践，人类历史是可以不断地改善的。"因而，这个时刻将会到来，那时候太阳在大地之上将只照耀着自由的人们，他们除了自己理性而外就不承认有任何其他的主人；那时候暴君和奴隶、教士及其愚蠢而虚伪的工具，除了在历史之中和舞台之上而外就将不再存在；那时候除了惋惜他们的那些受难者和受骗者而外，除了由于恐惧他们的为所欲为而使自己保持着一种有益的警惕而外，人们就将不再关怀它们；并且在理性的压力之下人们学会了识别和扼止迷信和暴政的最初萌芽，假如它们胆敢一旦卷土重来的话。"① 在启蒙时代的思想家看来，人世间有那么多的苦难和不幸，全都是因为那些教士、国王用迷信和谎言来迷惑善良的人们，使他们不能认识到事情的真相。只要人们得到启蒙，敢于利用自己的理性，就不会继续被愚弄和欺骗，人世间一切丑恶的现象也将随着知识的传播和理性主体的确立而烟消云散，人类历史改善的进程就会不断加快。进步对于一个理性主体得到确立的世界而言不是一个梦想，而是通过努力可以实现的。

因此，理性主体的确立对于传统进步观念的确立是一个不可或缺的前提条件。只有作为一种理性主体的存在，人们才可以设想通过自身的努力和实践去改变历史，而不是依靠外界的权威来支配历史。正是在这种改变历史的意识中，人类才能设想一种不断进步的历史，即通过理性来不断地消除历史中的消极因素，实现人类历史

---

① 〔法〕孔多塞. 人类精神进步史表纲要 [M]. 何兆武，译. 北京：生活·读书·新知三联书店，1998：182.

的不断改善。没有这种理性主体的确立，我们很难设想一种不断进步的尘世历史。

2. 线性的客观时间

近代进步观念的确立是与一种线性的时间观密切关联的，因为对历史的理解是以对时间的理解为前提的。因此，俄国思想家别尔嘉耶夫才说："毋庸置疑，时间的意义和时间的本质问题是整个历史哲学的基本问题和前提，因为历史乃是一段时间里的过程，是暂时的完成，是一段时间里的运动。所以历史被赋予的意义也就与我们赋予时间的意义直接相关。"① 我们同样可以说，对时间自身的理解是形成一种历史观的前提。我们所说的循环观、天意观和进步观都是与对时间的理解密不可分的。循环观是与循环的时间观一体的，而天意观和进步观虽然内涵不同但都与一种线性的时间观密切关联。因此，斯利坦认为"对历史的线性而非循环观念或许是现时代进步观惟一至关重要的一条特征"②。如果没有一种对时间的线性理解，就不可能有一种对历史的线性理解，所以对于进步观念而言，线性的时间观就是一个不可或缺的前提。

人类对时间的理解在不同的历史时期是有不同特征的，因此，在不同的时期我们形成了不同的历史观。在古代社会，时间被理解为一种封闭的圆圈，是循环往复的，没有所谓的起点和终点，时间是无限的。在这种时间观的前提下，我们才形成了那种循环的历史

---

① 〔俄〕别尔嘉耶夫. 历史的意义 [M]. 张雅平，译. 上海：学林出版社，2002：50.

② 〔法〕乔治·索雷尔. 进步的幻象 [M]. 吕文江，译. 上海：上海人民出版社，2003：英译者导言 18.

观，即认为人类历史也遵循着同样的模式循环往复。"人类从原始的摇篮期朝着文明的精致状态运动，最后又陷入野蛮无知状态，或者从童贞时代进入腐化朝代最后又返回童贞时代；王朝更迭，帝国兴衰，政治制度也处于循环中。从贵族政体或者君主政体开始，以独夫民贼或暴君政治告终，等等。简言之，法轮常转，太阳底下无新事，所有现存的，从前曾经存在过，将来也将再次出现，并且形式相同或相似。不论是在历史中还是在别的事情上，真正的新颖性只是虚幻。"①

在中世纪，基督教要实现人的灵魂在未来某一时期的救赎，这使得人类对未来有一种期待。"基督教充满希望的、向前看的态度立刻使人想到一种与古代流行的循环论相反的时间概念。其他因素也证明了这一点。《旧约》给我们叙述了一个在过去有着明确开端，并且预见到未来的确切的终点的故事。人类全部暂时的生存沿着一个单一的进程向着弥赛亚或救世主的出现迈进。在《新约》中，这个故事得到扩充：这主要是由于相信弥赛亚已经在耶稣身上出现。现在，就有了开端（创世或堕落），中点（耶稣之降生和受难）以及终端（基督再来和末日的审判）。"在这里，时间被理解为是一种有限的线性过程。"基督教主张世界和时间是有限的，它有一个明确的开端，即上帝创造世界并在创造世界的同时创造了时间。从基督教的主张来看，谈论开天辟地以前的时间是不可思议的：那将意味着上帝在时间之中，因而不是永恒的。它也有一个明确的终结，尽管其具体的日期只有上帝才知道（和开天辟地的时日不同）。那时，世

---

① 〔英〕格鲁内尔. 历史哲学——批判的论文〔M〕. 隗仁莲，译. 桂林：广西师范大学出版社，2003：16.

界将不再存在，因而时间也将不再存在。"① 基督教虽然把时间理解为上帝创造的产物，但对时间的线性理解与古代对时间的循环理解是不可调和的，且这种线性的时间观念为后人所继承，它为近代进步观念的确立提供了一个前提条件。

我们强调过，基督教所关心的是一种灵魂的救赎，它把历史分成神圣的历史和尘世的历史。基督教的救赎只能在神圣的历史中实现，而尘世的历史不过是我们等待救赎的一个暂时的居留地。所以在基督教的历史观中，只有神圣的历史才是一个线性的不断救赎的历史，尘世的历史则不在其考虑之列，是一个不值得认真对待的对象。"因此，线性的从时间的开端延伸到时间的终结的单向过程是属灵的，而不是属世的过程。在人的王国里，任何线性运动都不存在。世俗历史绝不是以耶稣为转折点的。耶稣献祭以后，世俗领域所发生的事件，还和以前一样，仍然以同样的方式发生。战争与和平交相更替，一个个帝国兴衰荣枯，堕落的人类碰到的仍是一如往常的惩罚。基督教盼望未来，并不盼望改变这些事态。"② 也就是说，线性的时间观在基督教那里只适合于神圣的历史而不适用于世俗的历史。这样基督教就可能对世俗的历史采取一种与古人相似的观点，即"在这个世界上，任何属于人类的事物都注定要灭亡；人类的所有成就都经受不住时间的考验；当我们回首往事的时候，我们发现一代又一代人既同大自然同时也彼此进行无效的斗争，徒劳无益地

---

① 〔英〕格鲁内尔. 历史哲学——批判的论文〔M〕. 隗仁莲，译. 桂林：广西师范大学出版社，2003：24-25.

② 〔英〕格鲁内尔. 历史哲学——批判的论文〔M〕. 隗仁莲，译. 桂林：广西师范大学出版社，2003：26.

争取得到幸福和满足；没有理由期望这种情况会有所变化，因为，尘世的过去、现在和未来总是一成不变的"。① 只有神圣的历史才遵循线性的过程，因为它是通向灵魂救赎的定向过程，也只有它才是具有进步结构的过程，但这一过程是在上帝的主导下完成的。因此，基督教对时间的线性理解虽然为以后的进步观念提供了一个必要条件，但由于其所关注的是一种上帝主导的神圣历史而非世俗历史，所以只能形成一种天意观而非进步观。

虽然基督教把时间局限于神圣历史的领域，但这种对时间的线性理解却极大地改变了人们的思维方式，对后人确立一种关于世俗历史的进步观念起了极为重要的作用。进步观念"涉及一种对过去的假设和对未来的预言，它的基础是对历史的一种阐释，这种阐释认为人类史朝着一个确定的和理想的方向缓慢前进——即一步一步地前进，并推断这一进步将会无限期地持续下去"。② 这样的话，进步观念的确立对时间就有两个方面的要求，一是时间必须是线性的，二是人类历史持续的时间必须很长，甚至是无限的。只有时间是线性的，历史才会是单向的过程，才有不断趋向理想状态的可能性，设想历史的演变是一种进步的过程才是可能的。线性的时间和历史意味着，我们可以用一种图像来表示它们，即时间和历史是一种单向的延续。这种单向的延续，"要么两端无限，要么每一端都有着固定的终点。在第一种状况下，时间和历史的绵延是（或可能是）无

---

① 〔英〕格鲁内尔.历史哲学——批判的论文〔M〕.隗仁莲，译.桂林：广西师范大学出版社，2003：27.

② 〔英〕约翰·伯瑞.进步的观念〔M〕.范祥涛，译.上海：上海三联书店，2005：3.

限的；在后一种情况下，时间和历史是有限的，有一个开头和一个终结。但是不管怎样，运动都是单向的，而且是不可逆转的，它仅能从过去走向未来。这意味着，任何严格意义上的重复或复归都是不可能的。……历史就是一个不断出现新奇事物的过程。历史中任何时间所发生的任何事件，过去都从未发生过或者将来不会再次发生；……时间和历史就是这样永远地向处女地进军，就是不断地揭示和发现新奇事物。"① 线性的时间和历史完全杜绝了历史过程循环重复的可能性，留下来的仅有两种可能性，历史要么是不断进步，要么是不断退步。不过由于近代以来人类实践能力的提高，加之一种理性乐观主义的心态，进步观念就成为一种必然的选择。但不管怎么说，线性的时间和历史对于进步观念的确立是非常必要的。

现代人认为时间不但是线性的，而且是无限的。"根据典型的现代意识，世界和时间不是有限的，而是无限的。它们的两端都是完全开放的，既可以向过去开放也可以向未来开放。如今，按公元前往前推算，和按公元后往后推算，被认为是一个原则上可以永远进行下去的过程：你甚至不可能碰到一个极限。在古代，人们也认为时间是无限的，但他们却有不同的想法，因为他们认为时间具有另外一种结构。三种观点彼此之间的差异可以用一个公式来表示：古代人认为时间是循环的、无限的；基督徒认为时间是直线式的、有限的；现代人认为时间是直线的、无限的。"② 认为人类历史所持续

---

① 〔英〕格鲁内尔. 历史哲学——批判的论文 [M]. 隗仁莲，译. 桂林：广西师范大学出版社，2003：16－17.

② 〔英〕格鲁内尔. 历史哲学——批判的论文 [M]. 隗仁莲，译. 桂林：广西师范大学出版社，2003：25.

的时间不是一个短暂的而是一个无限的过程，对于进步观念的确立也是非常重要的。就像伯瑞指出的，"由于时间是进步的可能性所必需的条件，因此，如果有任何强有力的理由支持这样一种假设，即人类可以支配的时间很可能在不远的将来达其极限，那么进步的观念显然就会变得毫无价值，如果有充分的理由相信地球在公元 2000年或 2001 年会变得不适合于人居住，那么进步的学说就会丧失其意义，并自行消失。"也就是说，进步观念的确立必须要求人类历史所持续的时间是一个相当长的时间，甚至是一个无限的时间。如果人类在短期内就面临消失的危险，进步观念及其学说就不具有任何价值和意义。所以伯瑞认为，"这里存在一个微妙的问题，即对人类未来的发展必须确保多长的最短期限以便使进步获得价值并激发情感作出判断"①。不管这个最短的期限到底是多少，但是进步观念内在地需要我们把人类历史持续的时间尽可能想象得长一点，以确保自身的价值。一般而言，信奉进步观念的学者都把人类历史看成无限持续的，因而也是无限进步的过程。

最后，进步观念的确立还需要我们把这种线性的、无限的时间理解为客观的和内在于人类历史过程的。这一点是针对于基督教对线性时间的理解，基督徒虽然把时间理解为线性的和单向的过程，但他们认为时间是上帝创造的产物，而且这种时间观只适用于神圣的历史，而不适用于人类世俗的历史。时间的属灵化和精神的救赎，使得基督徒并不在意世俗历史的演变，因此中世纪从实质上而言只存在一种受天意观支配的历史神学，而不存在一种受进步观支配的

---

① 〔英〕约翰·伯瑞. 进步的观念 [M]. 范祥涛，译. 上海：上海三联书店，2005：3.

历史哲学。进步观念及其学说作为一种关于人类世俗历史的理论，它内在地要求我们所理解的线性时间必须就是内在地与人类历史一体的，而不仅仅是那种属灵的时间，而且进步观念的规律化，从根本上需要时间的客观化，而不能继续采用基督徒所坚持的时间为上帝所创造的观点。

通过以上论述，我们可以知道，近代进步观念的确立是与一种特殊的时间观密切关联的，这种时间观是进步观念在近代得以确立的一个必要前提。这种时间观认为时间是客观的、线性的、无限的和内在于人类历史的，没有这种对时间的理解，进步观念在近代是无法被提出和确立的。

3. 世俗价值的取向

进步观念在近代得以确立的第三个基本前提，就是人们世俗生活价值的取向。因为进步观念是对人类历史运演过程所作的一种理论上的阐释，它涉及我们的世俗生活，认为我们的世俗生活是不断趋向于一个理想目标的，历史进步的过程，也是人类世俗利益不断被改善、被满足的过程。如果没有对人类世俗利益的关注，没有一种世俗价值的取向，作为一种历史观的进步观念在近代就很难确立起来。这一点，伯瑞在论述进步观念产生的条件时有过专门的强调，他说："进步论产生的另一个条件是要清楚地意识到世俗生活的价值和知识对人类需求的益处。"① 世俗价值的取向是人类近代以来的事情，特别是文艺复兴以后它才开始在人类生活的价值取向中占据主导地位，但世俗价值的取向被认为是近代进步观与中世纪天意观的

---

① 〔英〕约翰·伯瑞. 进步的观念［M］. 范祥涛，译. 上海：上海三联书店，2005：47.

一个主要区别。德国思想家卡尔·洛维特在《世界历史与救赎历史》一书中，表述的基本的观点就是现代文明所信奉的历史进步观念不过是基督教天意观念的一个世俗化，即现代人只不过是把基督教所关注的神圣历史的进步转化到世俗历史的进步，把彼岸的救赎放在此岸来实现。

近代人所信奉的进步观念肯定是在一种世俗价值取向的意义上而言的，这一点汉密尔顿揭示得非常深刻，他说："对人性可完美性的信念，罪恶和痛苦不再有丝毫藏身之处的黄金时代的来临，这些只有一个充满热望之人才会去幻想；但是对于改善我们的自然和增添我们的幸福的手段的探求却与冷静的理性相一致，也是能够吸引人类思维的最重要的主题，也只有人类才会思考这一主题。"[①] 这也可以解释为什么进步观念能在近代作为一种占据主导地位的历史观被人们坚持和信仰，因为它更关注我们尘世生活的幸福，希望在此岸建构一个人间天国。

当我们强调一种世俗价值取向时，是和近代以前的那种宗教神性的价值取向相对而言的。"世俗化一词起初仅指把教会或修道院的财产转移到俗人手中。但后来它逐渐意味着一般的日益增多的世俗性和重视现实生活的过程，以及属灵的心态或对宗教的执迷逐渐减少的过程。当然目前与我们有关的，正是这个意义。"[②] 我们这里所说的世俗价值取向，主要是关注现实生活的幸福和尘世生活的意义。

---

① 〔英〕约翰·伯瑞. 进步的观念 [M]. 范祥涛，译. 上海：上海三联书店，2005：227.

② 〔英〕格鲁内尔. 历史哲学——批判的论文 [M]. 隗仁莲，译. 桂林：广西师范大学出版社，2003：32.

在这种世俗化的过程中，我们关于历史解释不再是从神学的观点出发，从而实现了从历史神学到历史哲学的转变。

这种世俗价值的取向是近代人类的思维方式和生存方式的转换所造成的。"特别是 18 世纪末与传统的决裂，给现代历史和我们现代的历史思维打上了革命的标记。法国的政治革命和英国的工业革命，及其对整个文明世界的普遍影响，加强了一种现代意识，即生活在一个历史变革就是一切的时期里。历史的这些变革主要是由自然科学促成的。自然科学的进步，不仅加快了历史运动和革新的速度，而且也扩大了它们的影响范围，它们还使大自然成为人的历史活动中一个在很大程度上可以加以监控的要素。"① 当培根提出"知识就是力量"，并要求通过知识改造自然来满足人类生存需要时，一种世俗价值取向在理论上就得到了倡导。近代科学技术的发展，以及在现实生活中的应用，使得人在实践中好像真正拥有了改天换地的能力，成为了自然的主人，可以为自然立法。通过科学技术的利用和机械化大生产，人类取得了极为显著的成果。"伦敦于 1851 年召开的意义重大的博览会一方面也显示，大众认识到了时代的物质进步，也意识到人类对自然世界的支配能力在逐渐增长。当时有一个人指出，博览会的目的就是'捕捉人类进步的生动画卷，其中记录了人类智能的每一次征服'。""这次盛大博览会在当时赢得了人们乐观的评价，他们不仅认为它是物质成就的一次记录，而且显示了人类至少在迈进更加理想、更加幸福状态的道路上已经阔步前进，克服了重重困难和障碍，最终深刻地认识到所有民族的利益都相互

---

① 〔德〕卡尔·洛维特. 世界历史和救赎历史［M］. 李秋零，田薇，译. 上海：上海人民出版社，2006：232.

紧密地联系在一起。"① 对自然界支配能力的提高和物质生产的极大丰富使得人们设想可以通过努力而使自己的需求不断地得到满足。而法国大革命则在另一个方面刺激了人们在尘世建立天堂的愿望，也可以说法国大革命就是在这种思想的影响下所发生的。虽然法国大革命以失败而告终，但它消解了王权和政权的神性色彩，让人们第一次意识到可以打破原来的一切政治体制，在社会中实施一种我们设计的新体制。如果人类的社会体制是可以人为设计，并且可以不断改善的，那么由社会体制而造成的一些苦难和不幸就是可以避免的，社会体制的不断改进就可以推动历史不断向理想的目标前进。正是这些生存实践所造成的思维方式的改变使得近代人更关注世俗价值的取向，从而与中世纪的基督徒区分开来。

　　基督教把历史分为神圣历史和世俗历史，上帝只拯救人的灵魂，因此它关注的只是神圣历史。在神圣历史中，由于上帝和天意，历史是一种线性的不断进步的结构，从而达到救赎的目的，而对于人所生活的世俗历史，它是不关注的，并认为在世俗历史中一切都是没有价值和意义的。"对于一个像奥古斯丁或者奥罗修这样的基督徒来说，世俗的历史没有自身的意义，这充其量是对自己超历史的实体，即对由一个神圣的开端、一个神圣的中点、一个神圣的终结确定的救赎历史的残缺不全的反映。"② 因此，在基督教的历史观中，其价值的取向是神性的，只有在神圣历史的领域，才存在一种进步

---

① 〔英〕约翰·伯瑞．进步的观念［M］．范祥涛，译．上海：上海三联书店，2005：230－232.

② 〔德〕卡尔·洛维特．世界历史和救赎历史［M］．李秋零，田薇，译．上海：上海人民出版社，2006：216.

的结构。而在世俗历史的领域，只不过是一些徒劳无益的斗争，永远充满着苦难和不幸，是人们等待救赎的居留地。所以，"我们对进步、危机和世界秩序的担忧不会为奥古斯丁所赞同。因为从基督教的立场来看，只有一种进步，即朝着信仰和无信仰、基督徒和反基督徒的越来越明确的分野进步，只有两个具有决定性意义的危机，即堕落和耶稣受难。只有一种世界秩序，即神的创世秩序，与此相反，各帝国的历史则是'在无穷多样化的愚蠢享乐中喧闹不已'。"①正因为基督教没有一种世俗的价值取向，所以它虽然有一种进步的历史结构，却仅仅局限于神圣的历史领域，无法扩展到世俗历史领域从而形成一种人类历史的进步观念。

近代形成的进步观念就是关于世俗历史的一种理论阐释。近代人不再把历史分为神圣历史和世俗历史，而只承认一种世俗历史；近代人不再追求和期盼一种彼岸的救赎，而是希望在此岸世俗的历史中得到救赎；近代人不再强调一种神性的生活，而是更关注物质的生活；近代人不再满足于用上帝和天意来阐释历史，而是要为历史找到一种客观的解释。总而言之，近代人开始注意到一种世俗价值的取向，而进步观念就是在这种价值取向下所形成的一种历史观。近代人所确立的进步观念是人类世俗历史不断演化的规律，随着历史的进步，人类的生存环境在不断地改善，各种苦难和不幸在逐渐地消逝。孔多塞——这名进步观念的始作俑者和倡导者——在《人类精神进步史表纲要》中，通过对人类文明的区分，来论证和分析人类历史是一个不断进步的历史，这种进步不再局限于知识和精神

---

① 〔德〕卡尔·洛维特. 世界历史和救赎历史〔M〕. 李秋零，田薇，译. 上海：上海人民出版社，2006：205.

方面的进步，而是普遍存在于人类生活的各个方面。孔多塞在阐述人类文明的第十个时代，即人类精神未来的进步时，对人类历史各个方面的进步进行了阐述，并对人类未来的历史发展提出了展望。他说："我们对人类未来状态的希望，可以归结为这样的三个重要之点：即废除各个国家之间的不平等、同一个民族内部平等的进步以及最后人类真正的完善化。"① 而这些方面的提出都是与人们的世俗利益有关的。因此，我们可以说，正是世俗价值取向的确立，使得近代的历史观与中世纪的历史观有了本质的区别，即近代是一种世俗的历史进步观，而中世纪是一种神圣的历史天意观。

通过以上分析，我们不但比较了近代历史观与基督教历史观的内在区别，即它从一种纯粹超验的价值取向转化为世俗的价值取向，而且可以把世俗价值的取向看作近代历史观尤其是进步观念确立的前提条件。正是由于这种价值取向的限定，使得进步观念只能是一种关于人类历史的理论阐释，即认为人类在历史的进程中不断地趋向于一个理想的目标。

4. 统一历史的观念

近代进步观念作为一种历史观得以确立的另外一个前提条件，就是我们开始形成一种统一的历史观念。近代进步观念所强调的进步，是关于历史整体运演过程的一种法则，它涉及人类社会历史的方方面面，并内在地要求把人类历史看成一个统一的、连续的整体，否则进步观念也不可能作为一种历史观被用来阐释人类历史整体的运演。也就是说，近代人所信奉的进步观念是一种历史整体的进步。

---

① 〔法〕孔多塞. 人类精神进步史表纲要［M］. 何兆武，译. 北京：生活·读书·新知三联书店，1998：177.

这里所说的历史整体，既包括横向的方面，也包括纵向的方面。所谓横向的历史整体，主要是指它包括某个时代所有民族的历史，以及这些历史中的各个方面。进步观念认为这一特定时代的各个民族的历史，以及它们生活的各个方面都是在不断进步的，而不仅仅表现在某一民族的或人类生活某一方面的进步。对于这一点，斯坦利教授说得很清楚，他说："确实，对于现代信奉进步的人来说，进步不是我们一再说过的零碎进步，而是发生于知识、道德、政治、技术这些所有领域；它伸展于美德的发展，同样还有思想的自由；伸展于迷信与偏见的祛除，同样还有科学。"① 即便有些思想家认为并非人类所有的民族，所有的领域都在进步，也一定会认为那些重要民族和重要领域是在不断进步的，否则就不可能确立作为历史观的进步观念。至于进步观念所涉及的历史的纵向进步，这本来就是进步观念作为一种关于人类历史运演法则的内在理论旨趣。所谓历史的纵向方面，就是指人类历史自其产生以来一直到遥远的未来，这一持续过程是一个连续和统一的整体，简单地说就是把人类历史的过去、现在和未来作为一个统一体来认识。根据进步观念的理论内涵，人类历史这个纵向的结构也是一个不断完善和不断进步的过程，这种纵向的历史整体对于进步观念的确立而言是非常重要的。近代确立的进步观念就是要将历史整体描绘成一个不断进步的过程，这一过程从过去将会一直延续到未来。所以，如果没有一种统一的历史观念，作为一种历史观的进步观念根本就不可能确立，那么这种统一的历史观念是如何形成的呢？

---

① 〔法〕乔治·索雷尔. 进步的幻象［M］. 吕文江，译. 上海：上海人民出版社，2003：英译者导言 16 – 17.

　　由于古代人生存实践范围的狭窄，包括其所持有的一种循环的时间观，使得他们很难形成一种统一的历史观念，而只能就本地区的有限时间的历史为对象，对此进行记录和评判。这一点可以从古代历史学家的历史著作所关注的对象得到确证，他们所能写的历史著作要么是关于某一个民族和地区的历史，如希腊史或罗马史；要么是关于人类生活某一方面的历史，如战争史或政治史。对于他们而言，想象或写作一部世界历史是不可能的。

　　这一情况到基督教时期有了重大的改变，一方面是因为基督教接受了古代社会后期的观念。"在始于亚历山大大帝征服的希腊历史的后期，曾经出现过这样一种观念：人类居住的整个世界是一个统一的整体，即整个人类是一个整体的观念。我们可以方便地称之为世界观念——这是人类世界或有人居住的世界的法则，相对于城邦或城市的法则。……这种观念因此在斯多葛学派的学说中得到反映。这种学说认为，人人皆兄弟，个人的真正国家并非其特别隶属于其中的城市，而是世界上一切有人居住的地方。由于最为流行的古希腊后期哲学的推广，这种世界观念不久变得广为人知。"① 这一点对后来的基督教影响很大。另外一方面和基督教本身的理论有关。基督教认为上帝是万物的创造者和支配者，所有的人不分种族都是上帝的子民，都要等待上帝在末日的审判，或升入天堂，或打进地狱。这一点上，基督教和犹太教是不同的，犹太教的救赎是关于犹太人的救赎史，而基督教的救赎史则是关于整个人类的救赎史，这样整个人类的概念就在基督教的意义上得到了体现。虽然这种人类的概

---

① 〔英〕约翰·伯瑞. 进步的观念 [M]. 范祥涛，译. 上海：上海三联书店，2005：17.

念只是根据其教义而言的，"基督徒并不是一个历史的民族，他们在世界上休戚相关，只是以信仰为基础的。按照基督教的理解，救赎史不再限制在一个特殊的民族身上，这是国际性的，因为它被个体化了。在基督教的历史中，救赎史涉及的是个别灵魂的拯救，而不管它的种族、社会或者政治隶属关系。各民族为上帝之国所做出的贡献，不是根据共同的成就或者共同的否弃，而是根据被拣选的数量来衡量的。"①　不管怎么说，基督教毕竟把救赎看作了整个人类的救赎，而不是某个特选民族或种族的救赎。因而基督教所理解的历史就是一种关于人类整体等待救赎的历史。而且根据基督教的观点，时间是一种有限的线性结构，那么历史就是一个有其开端和结尾的整体，这一点在基督教教义中有着明显的证明。"《旧约》给我们叙述了一个在过去有着明确开端，并且预见到未来的确切的终点的故事。人类全部暂时的生存沿着一个单一的进程向着弥赛亚和救世主的出现迈进。在《新约》中，这个故事得到扩充：这主要是由于相信弥赛亚已经在耶稣身上出现。现在，就有了开端（创世或堕落），中点（耶稣之降生和受难）以及终端（基督再来和末日的审判）。"②在基督徒的观念中，已经有统一的历史观念，虽然他们所主要关注的历史整体是作为展现救赎历程的神圣历史，但毕竟已经开始承认作为整体的世俗历史，尽管这种世俗历史相对于神圣历史是没有价值和意义的。也就是说，在基督教的教义中我们强化了一种统一的

---

① 〔德〕卡尔·洛维特. 世界历史和救赎历史〔M〕. 李秋零，田薇，译. 上海：上海人民出版社，2006：234.

② 〔英〕格鲁内尔. 历史哲学——批判的论文〔M〕. 隗仁莲，译. 桂林：广西师范大学出版社，2003：24.

历史的观念，不过这是根据基督教的教义及其对时间的理解来规定的。所以，伯瑞才说："这种在罗马帝国和中世纪呈现的形态是世界性国家和世界性宗教，而后演变为这样一种观念，即各民族相互团结，对人类文明的共同目标做出贡献——这一原则在进步观念最终在世界上出现时成为推动后者发展的因素之一。"① 一方面，在古代社会末期和中世纪所形成和强化的那种历史统一体的观念对后来进步观念的确立起了很重要的作用；另一方面，它还不是进步观念所要借助的那种对世俗历史统一体的理解，因为它们没有世界性的人类实践作为支撑。

只有到了近代，人们才真正有可能对人类历史整体进行一种思维和写作。古代后期人们虽然有世界观念和统一历史的意识，但仅仅是一种意识，并不具有直观的确证，而且那时所谓的世界历史实质上还只是某一国家或地区的历史，并不是真正意义上的世界历史或人类历史。基督教的统一的历史观更多地体现为一种神圣的历史，在很大程度上是根据教义的推理，没有一种感官的体验，所以也无法真正形成一种关于人类世俗历史统一体的考察。而近代就不同了，近代人真正对人类世俗的历史有了一种统一体的观念，并借助于经验的直观去验证和考察这种历史的统一体。一个明显的例证就是，我们所有关于世俗的世界历史和人类历史的著作都是到近代以后才逐渐出现的。因为只有到了近代，随着人们生产实践范围的扩大及交通工具的改进，人们才有可能真正体会和接触到一种世界文明和世界历史。对此贡献最大的就是近代的航海运动和资本主义的扩张，

---

① 〔英〕约翰·伯瑞. 进步的观念［M］. 范祥涛，译. 上海：上海三联书店，2005：18.

它们使得人类真正到达了地球上有人生存的所有地区，并力图把这些社会都纳入一种资本主义体制。也是从这个时候，把整个人类历史作为统一体进行考察才开始有一种世俗的价值和意义，才真正确立起一种普遍的关于世俗社会的历史。

上面已经强调过，一种统一的、普遍的关于尘世历史的观念对于确立进步观念而言是必须的。统一普遍的历史观念可以说内在地具有如下的基本特征："（1）把人类作为一个整体，把各民族、国家、地区作为整体中相互联系的部分。（2）以社会（民族、国家、地区）为单位考察历史演变过程。（3）把过去、现在和未来看成一个总体过程。（4）把全部历史看成一个分为不同阶段的朝共同目标演进的过程。（5）把各民族、国家存在差异理解为他们处于同一序列的不同发展阶段上。"① 必须要有一个目标的统摄，历史才可能具有统一性，也就是说统一的历史必然强调历史是连续不断地趋向于一个目标。

综上所述，近代进步观念得以确立的另一个前提，是把人类世俗历史理解为一种普遍的、统一的历史，这是与近代人实践能力的提高、实践范围的扩大及思维方式的转化有密切关联的，在此之前，由于条件的缺乏，人们还不可能在真正意义上把世俗的人类历史理解为一种普遍的和统一的历史，这一点也解释了进步观念何以在近代才能真正确立。

5. 稳定法则的信念

最后探讨的进步观念得以确立的一个前提条件，就是近代形成

---

① 姚军毅. 论进步观念［M］. 北京：中国社会科学出版社，2000：164.

了自然和人类社会都具有的稳定法则的信念。稳定法则的信念对于确立作为历史观的进步观念是非常重要的，没有这种信念，进步观念就无法被作为人类历史的一个客观规律和法则来理解。只有首先相信人类社会和历史内在地具有一些客观的法则和规律，我们才能从人类历史的运演中发现那种稳定的法则——进步规律。伯瑞在肯定笛卡尔的哲学思想为进步观念的确立所做的贡献时，对这一点有过明确的表述，他认为笛卡尔提出自然法则的稳定性和不变性的思想对进步观念的确立极为重要，认为这是进步观念确立的第三个条件（前两个条件是理性对权威的破除和世俗价值的取向）。因为"人们丝毫没有可能确保知识会在科学建立起牢固的基础之前连续进步。除非自然法则的不变性得到承认，否则科学又不可能建立起牢固的基础。如果我们不承认这一假设，如果我们认为自然界的一致性也许有可能不时地发生变化，那么我们就不可能保证科学能够无限地发展"①。

稳定法则的信念至少有两个方面的作用。首先，它是对中世纪天意观的破除。在天意观中，人类的救赎过程要靠上帝引导和支配，人并不能为此改变什么，只有等待上帝的恩典。自然法则的稳定性不但把上帝的统治权剥夺了，而且保证了世界上的一切由于受法则的支配而不至于陷入无序的状态。所以，"一个合乎逻辑的结论便是，笛卡尔的世界机械论和不变规律学说排斥天命论。……对天命论的不断诋毁与我们这里的主题密切相关；因为正是那种关于存在一个充满活力的上帝的理论才是进步这一理论即将取而代之的；只

---

① 〔英〕约翰·伯瑞. 进步的观念［M］. 范祥涛，译. 上海：上海三联书店，2005：47.

有人们感觉到自己已经独立于上帝之时，才能建构出一种关于进步的理论。"① 稳定法则的信念对基督教天意观的破除，为进步观念的确立做出了巨大的贡献。另一方面，只有相信存在稳定的自然法则，我们的知识和精神才可能不断地得到累积。如果自然界不存在稳定的法则和秩序，我们关于对象的认知就谈不上有什么累积性的进展，一种知识的进步就是不可设想的。所以，自然法则的稳定性这一假设是现代科学和知识发展的一个基本前提，虽然笛卡尔没有根据自己的原则做出这样的延伸和确信，但后人却是以此原则作为推论的出发点的，这样才有方特奈尔阐述的一种知识的进步观，即人类的知识因为自然法则的稳定性可以无限地进步，而近代的进步观念最初就是从人类知识的进步观发展起来的，所以这一点也非常重要。

不过笛卡尔关于稳定法则的信念不包括人类历史领域，这是启蒙思想家无法接受的。他们认为，如果自然界遵循着稳定的法则，并且这些法则是可以被我们发现和认识的，那么人类历史也应该具有同样的法则，我们也一定可以在社会历史中找到这些稳定的法则。这一点孔多塞表述得非常清楚，他说："如果说，人们能够以几乎完全的确凿性来预言他们已经知道了其规律的那些现象，如果说即使是它们尚未为人所知，他们也可以根据过去的经验，以很大的概率预见未来的事件；那么为什么以某种或然性，根据人类历史的结果来追踪人类未来命运的史表，就应该被看成一桩虚无缥缈的事业呢？在自然科学中，信仰的唯一基础乃是这一观念：即驾驭着宇宙现象的普遍规律（已知的或未知的）乃是必然的和不变的；然则有什么

---

① ［英］约翰·伯瑞．进步的观念［M］．范祥涛，译．上海：上海三联书店，2005：52.

理由说，这一原则对于人类思想和道德的能力的发展，就要比对于自然界的其它活动更不真确呢？最后，既然根据过去的经验而形成的意见，对于同一个层次的对象来说，乃是最聪明的人的行为的唯一准则，那么为什么要禁止哲学家把他们的猜测置于同样的基础之上呢？——只要他不把它们归之于超出观察的数目、恒定性和明确性所可能产生的确凿性之外的一种确凿性。"① 在以孔多塞为代表的启蒙思想家看来，人类历史也受一些稳定法则的支配，我们通过对以往社会和历史的考察就能发现这些稳定的法则，从而根据法则的稳定性来对人类历史的未来做出极为可靠的预言。孔多塞就是希望通过对人类以往历史的经验考察，得出人类历史遵循一种进步的法则并以此为根据对人类历史的未来做出预测。"如他自己所言，他的雄心勃勃的构思是要展示'人类社会的连续变化，每个瞬间对随后的瞬间所产生的影响，并由此产生的连续改变，以及人类向真理和幸福的进发'。"② 因此，稳定法则这一信念的扩展对于进步观念的确立非常重要，进步观念就是在这一信念扩展之后，被人们认为是通过考察人类历史的运动就能发现的一个稳定法则。

　　正是由于坚信人类历史与自然界一样，其运演是遵循一定法则的，启蒙以后的思想家才能把进步观念作为人类历史演变过程的一个客观法则和规律来确立和传播。对于那些思想家而言，进步观念不再是一种单纯的信念和具有理想维度的设定，而是支配人类历史

① 〔法〕孔多塞. 人类精神进步史表纲要［M］. 何兆武，译. 北京：生活·读书·新知三联书店，1998：176.
② 〔英〕约翰·伯瑞. 进步的观念［M］. 范祥涛，译. 上海：上海三联书店，2005：146.

运演的客观法则和规律，它和自然界的其他法则和规律一样，具有稳定性、必然性和强制性的特征。当把进步观念作为人类历史内在具有的一种稳定法则来理解时，对于人类历史而言进步就是一种无法摆脱的命运。社会学和实证主义的创始人圣西门和孔德等人，正是要从人类历史的运演过程中寻找出进步这一客观法则和规律。只有这样进步观念才能真正被确立为一种历史观和历史规律，而不再像以前那样，"此前，它一直是鼓励改革者和革命者的唯心论的一个模糊的乐观学说，但并不能对他们进行引导。它就像一个女佣人服侍于对自然和理性的各种抽象；它几乎不曾获得独立的生命。"① 当把进步观念当作人类历史运演过程中的一个稳定法则和客观规律来认知和理解时，一切都发生了改变，进步观念真正具有了独立的生命，并开始真正成为一种完整的历史学说。虽然圣西门和孔德并没有达到他们的理论目的，即通过科学和实证的方法把进步真正确立为一种人类历史的规律，而不借助于思辨的和抽象的方法，但是寻求和确证进步的规律，毕竟是社会学这一新兴学科在其初期为自己所树立的一个理论目标。"18 世纪的思想家只是将进步视为一种基于非常不充分的归纳的纯粹假设；他们的继承者寻求通过发现亦如物理学万有引力定律那样站得住脚的社会规律，将其提高到科学假设的高度。这是圣西门和孔德两者的目标。"②

圣西门虽然没有一个较为完善的关于进步观念的理论体系，但

---

① 〔英〕约翰·伯瑞．进步的观念［M］．范祥涛，译．上海：上海三联书店，2005：195.

② 〔英〕约翰·伯瑞．进步的观念［M］．范祥涛，译．上海：上海三联书店，2005：199.

"人类被认为是一种集体存在，并在一代又一代的过程中根据一种规律展示其本质——进步的规律——或许可以称之为人种的生理规律，这一规律是由圣西门发现的"。而且他及其门徒的思想形成了一个学派，即圣西门学派，"这一学派现今已经消失，但它在自己产生的时代所产生的影响是广泛的，并宣传了对进步的信念，将其视为历史的锁钥和集体生活的规律。"孔德在将进步确定为一种规律方面，付出了比以前的任何一位思想家更多的努力。他构建了一个较为完善的关于社会科学的理论体系，而"这一体系的灵魂是进步，他着手解决的最重要的问题是确定进步所遵循的规律"①。孔德把自己的社会学分为静态社会学和动态社会学。"前者研究共存的规律，后者研究继承的规律；前者包含了关于秩序的理论，后者包含了关于进步的理论。"②　他的《实证哲学教程》一书的理论目标就在于阐明人类历史发展的进步，为了把进步确证为一种稳定的、客观的法则，孔德故意用"进步"和"发展"取代了完善这个概念，进步和发展作为实证的、科学的概念可以排除一种道德上的评价；当然，孔德并不否认，连续的进步必然会导致改善和完善。也就是说，为了论证进步规律存在的客观性，孔德掩盖了进步观念自身所具有的道德和价值因素，力求把进步观念科学化和纯粹化。这一点对后人理解进步观念影响很大，从此以后进步观念自身所具有的一种伦理理念因素逐渐就被忽略了，人们更多的是从一种客观的、中性的角度来理

---

① 〔英〕约翰·伯瑞.进步的观念［M］.范祥涛，译.上海：上海三联书店，2005：201-203.

② 〔英〕约翰·伯瑞.进步的观念［M］.范祥涛，译.上海：上海三联书店，2005：208.

解进步观念，把它作为人类历史运演所必然遵循的一种法则和规律来理解。

总之，进步观念能被当作一种客观的法则和规律来理解，是与近代人所具有的那种稳定法则的信念密切关联着的。没有这种稳定法则的信念，我们不可能破除上帝的权威，也不可能得出一种知识进步论的观点，更不可能想到要为自然界和人类历史寻找客观的法则和规律。如果这样的话，作为人类历史运演过程中的一种法则和规律——进步规律，就不可能得到确立。

我们在上面探讨了进步观念得以确立的几个前提条件，认为这些条件只是近代以来才逐渐具备的，因此进步观念只有到了近代才有可能真正产生和确立，特别是 18 世纪，一种作为人类历史运演过程规律的进步观念才得以真正确立并得到传播，从而逐渐成了一种占据主导地位的历史观。需要明确的一点是，进步观念在近代得以产生和确立并不仅仅是因为以上几个前提条件，还受制于很多其他的条件和历史因素。这里只是列举了进步观念得以确立的几个主要的前提，并不能把所有的前提都涉及，而且我们强调它们是进步观念得以确立的必要条件，而不是充分条件，因此只能限制为极其重要的前提。

（二）传统进步观念的基本内涵

上面我们分析和论证了进步观念在近代得以产生的一些基本的前提条件，目的是强调只有到了近代才具备进步观念产生的各种条件，但进步观念作为一个大观念其基本的内涵是有历史性转换的。也就是说，从进步观念作为一个观念被提出，到其作为一种历史观被确立，这一进程中进步观念的内涵有所转化。本节我们主要通过分析和阐述那些在进步观念发展史上对此观念有过论述的重要思想家的理论，这一方面是为了对进步观念的内涵进行基本的梳理，另一方面是为下面分析近代人所理解的进步观念的性质做出理论铺垫。

　　姚军毅对"进步"一词做了词源学的考察。他说："'进步'的语义并不复杂。《辞源》释为'向上或向前'，《现代汉语词典》的解释是，'进步：（人或事物）向前发展，比原来好'。在西语中，英文Progress，源于拉丁文，由Pro（前）和gress（走）合成。是以可知'进步'一词最基本的含义是'向前（走）。'"① 因此，在进步这一观念中，确定考察对象是否向"前"或者说是否比原来"好"就是极为重要的。然而不管是"前"和"好"都是蕴含着伦理理念因素的，而不是与人的生存旨趣决然分开的。这样的话，由于所处的历史时代及其关注的利益点不同，人们对进步观念一词的内涵就不可能有完全相同的理解，总是有或多或少的差异的。进步观念意味着事物的变迁必然是线性的、重复的和不可循环的。"同样，很明显，这种变化被认为是连续的，即是说，其形式是时间序列中许多步骤和阶段——当旧的状态突然被新的状态代替，此后不变性居于支配地位时，便谈不上进步。反过来，它需要设定统一和联系性：必须有一个单一主体来经历这些连续状态；它们必须是相同事物的不同状态。"② 进步必须是某单一对象向前的持续不断的演变，如果只有变化，而没有单一对象的持存，是无法形成进步观念

---

① 姚军毅. 论进步观念［M］. 北京：中国社会科学出版社，2000：104.
② ［英］格鲁内尔. 历史哲学——批判的论文［M］. 隗仁莲，译. 桂林：广西师范大学出版社，2003：111－112.

的。近代人所提出的进步观念，就是认为某一对象在持续不断地向着好的方向的演变。只是不同时代的人们对演变对象——进步对象的规定不同，从而也导致了进步观念内涵的转化。

进步观念的意识最先表现在人类知识的领域，这主要起因于文学领域"古今之争"的论战，即现代的作品是否比古代的作品更伟大、更好。这一点是很多考察进步观念起源的思想家都认同的。"古今之争"对于我们观念的转变具有极为重要的意义，因为它迫使人们必须回答一系列问题：今天的人们能否在平等的基础上与杰出的古人进行辩论，或者现代人的智力是否更加低劣？这一问题暗示了一些更重大的问题：自然是否已经耗尽了自身的能量；她是否能创造出在心智和活力上与那些她曾经创造出的人们完全一样的人；人类是否已经筋疲力尽，或者人类的力量是否是永恒不变和用之不竭的？"古今之争"以现代人的胜利而暂时告终，但这一争论直到今天都没有真正消失。对以上问题也都是以更有利于现代人的立场进行回答的，即现代人及其作品非但不比古人的差，而且在某种程度上，可以说是更好。所以"在我们理解了这一点之后，有这样一种发现就会在意料之中：首次明确主张知识上的进步论起因于古今之争"。① 索雷尔也说："历史学家们将进步学说的问题追溯到古代作家和现代作家之争，这一争论在 17 世纪末曾经喧嚣一时。"② 因此，我们可以说进步观念在近代初次被提出时，主要意指一种知识的进

---

① 〔英〕约翰·伯瑞. 进步的观念〔M〕. 范祥涛，译. 上海：上海三联书店，2005：56 – 57.
② 〔法〕乔治·索雷尔. 进步的幻象〔M〕. 吕文江，译. 上海：上海人民出版社，2003：69.

步。如果知识是可以累积的，它必然随着时间的流逝和人们经验的增多而不断发展，由于后来者继承了前人的知识，并且自己又获得了新的知识，因此，人类的知识必然是可以不断增加和进步的。所以"培根以及整个 17 世纪的思想家们将他们关于过去的进步的观点局限于知识界"①。

18 世纪的一个突出特征就是，人们开始对人类社会自身进行变革性思考，而"随着理性主义进入社会领域，自然而然地出现了智力的进步观拓展为人类的普遍进步观。过渡是轻松自然的。如果可以证明社会罪恶既不是因为人类与生俱来和无法弥补的缺陷，也不是因为事物的本性，而仅仅是因为蒙昧和偏见，那么人类状况的改进并最终实现幸福，就只是一个对蒙昧进行启蒙和对错误加以纠正、增长知识和传播光明的问题了"②。启蒙时代的思想家强调通过教育的普及和理性的启蒙，就完全消除那些充斥在人世间的一切苦难与不幸，使人类实现一种普遍的而不是仅仅局限于某个领域或某个地区的进步。这样，一种现代人所理解的进步观就开始进一步明确化，因为"对于现代信奉进步的人来说，进步不是我们一再说过的零碎进步，而是发生于知识、道德、政治、技术这些所有领域；它伸展于美德的发展，同样还有思想的自由；伸展于迷信与偏见的祛除，同样还有科学"③。只有关于人类历史整体的进步意识，才有可能转

---

① 〔英〕约翰·伯瑞．进步的观念［M］．范祥涛，译．上海：上海三联书店，2005：65.

② 〔英〕约翰·伯瑞．进步的观念［M］．范祥涛，译．上海：上海三联书店，2005：91.

③ 〔英〕约翰·伯瑞．进步的观念［M］．范祥涛，译．上海：上海三联书店，2005：16.

变成一种被人坚信的"科学的"历史观。作为历史观的进步观念，必然是强调人类历史的普遍进步，"因为进步现在就意味着在所有领域的提升，因此所有人类活动——人类自身——的历史就是进步的历史。至此，'历史'和'进步'就确实成为同义的了；于是孔多塞就把未来敞开给一种在所有领域中的明确提升，这种提升伴随着知识或'启蒙'。"①

　　不过这种普遍的人类进步还仅仅是一种思辨的意识，如果想成为一种"科学的"历史观，还必须根据人类历史提供的证据进行验证，使之转化为一种客观规律。要使进步观念成为一种"科学"的历史观，利用科学的和实证的方法把进步观念从一种信仰和理性的思辨转化为客观法则，就是最后必须要实现的步骤。当圣西门和孔德等人建立新的社会科学，力图在人类社会和历史之中寻求客观法则时，这一具体步骤就进入实施阶段，而把进步肯定为人类历史运演的一项客观法则也是他们的主要任务。虽然根据他们实证的方法最终是不可能把进步观念作为一种客观规律来确立的，因为他们试图用经验实证的方法去把握一个超出经验实证的对象，其最终的结果是可想而知的。但他们努力的方向和坚定的信念，再加上一些实证性的工作，使得进步观念在此之后，真的被当作一种客观的法则和规律来认识和理解。即人类历史的演变遵循着进步的客观规律，在这种规律的支配下，人类历史表现为一种线性的、持续不断地趋向于一个理想的方向和目标。至此，作为一种"科学的"历史观的进步观念最终得到确立，现代人所理解的也就是这种作为稳定法则

---

① 〔英〕约翰·伯瑞.进步的观念［M］.范祥涛，译.上海：上海三联书店，2005：20－21.

的进步观念。

这一点，我们可以通过一些思想家对进步观念内涵的界定和阐释来确证。

伯瑞通过对进步观念的考察，认为："人类进步的观念是一种理论，涉及一种对过去的假设和对未来的预言。它的基础是对历史的一种阐释，这种阐释认为人类是朝着一个确定和理想的方向缓慢前进——即一步一步地前进，并推断这一进步将会无限期地持续下去。而且，这一阐释也意味着，作为地球上的伟大事业的问题，普遍幸福的状况将最终得以实现，从而为整个文明的进程做出辩护。这是因为，如果不是这样的话，这一方向就并非是理想的方向。尚有另外一个含义。这一进程一定是人类物理属性和社会属性的必然结果，而且一定不受任何外在意志的支配；否则其连续性及其结果就不会有任何保障，而进步的观念也会沦为天意观念。"① 在他看来，现代人所理解的进步观念，首先是一种历史观，是我们阐释历史的一种理论；其次它必须能和人类的幸福观念相结合，以此显示自己的吸引力；最后它必须是一种客观的法则和规律，具有一种必然性。

孔多塞在其著作中也揭示了进步观念的基本特征和内涵。他认为，进步涉及人类一切领域，而且会一直延伸到无限的未来，是人类历史的稳定法则，我们完全可以根据这一法则推测人类未来的美好前景。在他那里，进步与历史是一体的，历史就意味着进步。所以，他才断言："依据推理并依据事实，自然界对于人类能力的完善化并没有标志出任何限度，人类的完美性实际上乃是无限的；而且

① 〔英〕约翰·伯瑞. 进步的观念 [M]. 范祥涛，译. 上海：上海三联书店，2005：3.

这种完美性的进步，今后是不以任何想要扼阻它的力量为转移的；除了自然界把我们投入在其中的这个地球的寿命而外，就没有别的限度。"①

柯林伍德认为，进步观念就其本意而言，只是显示出一种次序。他举例说："如果形式 b 是 a 的一种改造，而 c 是 b 的改造，d 又是 c 的改造；那末 a、b、c、d 这些形式就只能以那种次序而产生。那是一系列的项目，它们只能以那种次序产生；在这种意义上，那个秩序就是进步的。……就'进步'一词的这种意义而言，进步的意思只是指有次序的，也就是说显示出次序来。"② 他认为，这时的进步观念与进步基本上就是等同的，仅仅显示一种单向的次序，不过说进步是一种历史观，涉及历史的进步，这时进步的内涵有所转化了。这时进步不仅仅意味着一种次序，而且意味着一种改进。"历史进步的观念，如果说它是指什么东西的话，那末它指的就不仅仅是产生了属于同样品种类型的，而且是产生了属于新的品种类型的那些新行为或新思想或新局势。所以它就预先设定了这种品类的新颖性，并且就是作为改进而存在于这些概念之中。"③ 因此历史的进步观念中蕴含着一种改进，不过柯林武德认为很难说历史是进步并遵循着进步规律的。如果作为改进的进步观念有其意义和价值的话，他认为"这个问题只有一种真正的意义。如果思想在其最初的阶段，在

---

① 〔法〕孔多塞. 人类精神进步史表纲要 ［M］. 何兆武，译. 北京：生活·读书·新知三联书店，1998：2.

② 〔英〕柯林伍德. 历史的观念 ［M］. 何兆武，张文杰，译. 北京：商务印书馆，1997：441.

③ 〔英〕柯林伍德. 历史的观念 ［M］. 何兆武，张文杰，译. 北京：商务印书馆，1997：445.

解决了那一阶段的最初问题之后，就由于解决这些问题而带来了另一些使它遭遇挫折的问题；并且如果这第二种思想解决了这另一些问题而并未丧失其解决第一种的据点，从而就有所得而并没有任何相应的所失；那么就存在着进步。并且也不可能再存在有什么根据任何其它条件的进步"。①

"S. 波拉德在《进步观念——历史与社会》中写道：'一种进步信念暗示在一定意义上事情在将来会更好，但它并不局限于简单的改善的观念。它从一开始就不是一种宗教意义上的信念，也不是基于和令人愉悦的偶然性相联系的希望。相反，它带有一种科学预言的性质，基于对历史，至少是最近对历史的理解，以及社会发展规律的运作。因此一种进步信念暗含着这样的假设：人类历史中有一种变化的模式，这种变化的模式是可知的，它构成不可避免的仅仅朝一个一般方向——人类事物由不甚令人满意的状况逐步改善为更令人满意的状况——的变化。'"② 这里波拉德也认为，近代人所理解的进步观念是一种关于人类历史运演的法则，并且这一法则暗含着人类历史是一个不断改善的进程。

莫提默·J. 艾德勒则认为，如果对历史进步观进行形象的刻画，它意指"如果一个人在瞭望塔上回顾历史，看到历史轨迹呈现直线上升，如果他回顾过去，过去就仿佛是不断上升，不断向前，每个世纪或每个时期都要好于以往，那么，他很可能会据此看待未来，认为未来是一个不断进步的连续的过程，未来会更加美好，未来会

---

① 〔英〕柯林伍德. 历史的观念［M］. 何兆武，张文杰，译. 北京：商务印书馆，1997：451.

② 姚军毅. 论进步观念［M］. 北京：中国社会科学出版社，2000：112.

以某种方式在质和量上得到空前的提升"①。

通过以上列举的几位思想家对进步观念的阐释和分析，我们认为近代确立的那种作为历史观的进步观念基本上具有以下几个特征：首先，进步是一种客观的必然的法则，是不受外在意志干扰的；其次，进步是一个线性的过程，是一个持续不断的过程；再次，进步意味着一种改善，是不断地趋向于一种理想的目标。

因此，我们可以对这种进步观念的基本内涵进行概括，即进步观念是关于人类社会历史运演的一个稳定法则和客观规律，它不仅肯定社会历史的变化过程，而且赋予这种变化以特定的内涵和积极的意义，即它认为人类社会历史的运动是必然趋向于一个理想目标的变化过程，人们可以认识和理解这一过程并对此过程的前景进行预测。

（三）传统进步观念：作为认知概念的进步观念

通过以上论述，我们可以看到，近代人理解和肯定的是一种逐渐客观化和实体化的进步观念。虽然作为历史观的进步观念依然蕴含着伦理价值因素，但是由于被当作一种客观的规律，进步观念已经转换为人类历史的内在属性，在实质上已经与人的实践活动无关了。虽然有些坚信进步观念作为一种客观规律的人并不完全否定人的实践价值和意义，但是在一种具有客观性和必然性规律的强制作用下，人的实践无法从根本上改变历史不断前进的方向，它所能起的作用不过是加快或者延缓历史进步的步伐。所以我们认为，近代

---

① 〔美〕莫提默·J. 艾德勒. 大观念［M］. 陈珠泉，杨建国，译. 广州：花城出版社，2008：402.

确立的进步观念是一个不断掩饰其价值因素和实践因素的过程，就是一个不断地把自己客观化为人类历史运演的稳定法则的过程。因而近代人们所确立的作为历史观的进步观念，是一种以认知概念来理解的进步观念，这也是绝大多数信仰进步观念的人所认同的对象。

我们说进步观念的历史是一个不断掩饰其伦理价值因素的历史，并不是说作为历史观的进步观念不包含伦理价值因素，而是说它否认这种伦理价值因素是我们人类所赋予的。根据上面我们对进步观念的词源学的分析和一些思想家对进步观念作为历史观的阐述，进步观念必然蕴含着一种伦理价值因素，即它意味着人类历史的运演必然是不断地趋向于一个理想的过程，而所谓"理想"不过是一种价值的评判和伦理的设定而已。但是，当人们要把进步观念当作人类历史的一项稳定法则，并力图通过实证方法去证明它时，必须要消除进步观念所具有的主体性因素，而使其客观化和中立化。这主要就表现在掩饰进步观念所具有的理想性维度与人的伦理价值取向之间的密切关联。因为如果进步观念所内在要求的改进只是反映人类的一种伦理价值要求，就意味着进步观念只不过是我们的头脑所主观设想出来的一个观念，而不是人类历史自身所具有的属性，那么进步观念就不可能作为一项稳定的法则而存在。进步观念的发展史就是一个不断掩饰它与人的伦理价值取向有关的过程，我们只承认它是一种与人类的意志无关的客观法则。至于为什么进步观念自身会具有一种理想性色彩，是绝对不会从现实的人的伦理价值取向来理解的，通常是存而不论的。

进步观念的发展史还是一个不断"去实践化"的过程，主要是说进步观念在近代是一个越来越脱离人的实践的东西。根据马克思的说法，历史不过是人类实践的总和而已，历史中的一切都是与人类的实践密切关联的，是在人类实践的参与下显现的。但是我们通过上面对进步观念产生的前提条件及其基本内涵和特征的考察可以看到，进步观念是一个不断脱离了人类的实践活动自存自足的东西，它成了人类历史的一项客观法则。如果说起初的一种知识的进步观还与人的实践密不可分，那么到了最后，作为历史观的进步观念则是完全成了与人的实践无关的客观法则，具有强制性和必然性的特征。人类的实践在根本上无法对其产生重大的影响，即便有一点影响也仅仅表现在我们的实践可以促进或阻碍进步的步伐，但却无法扭转历史进步的方向。进步观念作为人类历史演变的客观法则，是没有任何力量可以扼阻它的。进步成了一种宿命，妄图改变历史进步的方向或进步的趋势，无疑是开历史的倒车，必然会在历史进步的车轮下付出惨重的代价。愿意跟随进步命运的人，进步牵着他；不愿意跟随进步命运的人，进步赶着他。进步是稳定法则和客观规律，人的实践只能遵循规律而不能改变规律。也就是说，当进步观念成了人类历史不可避免的一项法则的时候，它已经内在地与人类的实践活动无关了，而只是一种关于对象自身内在属性的客观反映。

进步观念的这种掩饰其伦理价值因素的来源和脱离实践影响的趋势，使得进步观念的发展史成为一个不断外在化或实体化的过程，这促使我们对进步观念的理解，逐渐从一种伦理理念转化为认知概念。一种与人的价值取向和实践活动没有内在关联的进步观念，只能作为一种认知概念来理解，把进步观念看作人类历史自身所具有的内在属性，是一项稳定法则和客观规律，而不会再把进步观念理解为人类反思性的理念。因为，作为伦理理念的进步观念不具有近代人所追求的那种客观性、必然性和强制性，这与人们所信奉的进步观念是不相符合的。通常人们正是从一种认知概念的角度来理解进步观念，才能得出进步观念是一种稳定法则和客观规律，也才具有必然性和强制性。"现代的进步历史观把未来的进步不仅看作无可避免的，而且从一种有限的程度来说，是在对现有数据进行理性计算的基础上可以预见的。正是这种无可避免性强烈助长了现代的历史决定论观念以及将社会科学看作一种预言的科学。"① 这种进步观肯定是作为认知概念来理解的进步观念，这也是近代以来信奉进步观念的人大多肯定和赞成的对象。

通过以上分析，我们可以明确地得出一个结论，近代人所理解和信奉的进步观念在很大程度上是一种稳定的法则和客观的规律，是人类历史自身运演所具有的内在属性，因而只能是一种作为认知概念的进步观念。进步观是近代以来占据主导地位的历史观，所以对于大多数人而言，他们对作为认知概念的进步观念是持一种肯定态度的。

二、现代理论态度：否定进步观念本身的合法性

我们在第二章专门论述了现当代思想家对进步观念所进行的各个方面的批判，本节我们不想过多地去重复已有的论述，而只是想表明现当代思想家对进步观念的基本理论立场，即否定进步观念的

---

① 〔法〕乔治·索雷尔. 进步的幻象［M］. 吕文江，译. 上海：上海人民出版社，2003：英译者导言19.

态度。不过现当代思想家对进步观念的这种态度，并没有解决进步观念在今天面临的尴尬境地，即理论上的批判和实践中的坚持。我们认为这主要是因为现当代思想家看到了作为认知概念来理解的进步观念的局限性，并对其进行批判，但是他们忽视了另一种性质的进步观念，即作为伦理理念的进步所具有的合理性。因而现当代思想家对进步观念所持的完全否定的态度是值得质疑的。下面我们具体进行分析。

（一）现代理论批判的对象：作为认知概念的进步观念

第二章从四个方面对进步观念进行了批判，分别是对其作为宏大叙事的批判；对其蕴含线性时间的批判；对其作为客观规律的批判；对其沦为意识形态的批判。当然还可以从其他方面进行批判，但是在这几个方面的批判中，不管是运用思辨方法还是实证方法，都涉及进步观念的逻辑客观化的问题，即进步观念成了人类历史运演的强制性逻辑和客观法则。

只有进步观念变成一种强制性逻辑和客观法则，它才可能成为解释人类历史整体运演的一种思辨理论，力图对我们无法直观的对象进行理论上的把握和阐释，从而使自己成为一种后现代思想家所认为的宏大叙事，即认为人类历史整体是一个不断进步的过程。冯·赖特说，我们社会中依然有很多宏大叙事在人的头脑中存在并继续发挥着影响，"我所谓的进步的现代神话就是这些宏大叙事之一，这个进步的神话在其晚期阶段，将不会在现代性危机中幸存下来①"。也就是说进步

---

① 〔芬兰〕冯·赖特. 知识之树 ［M］. 陈波，译. 北京：生活·读书·新知三联书店，2003：85.

观念这种宏大叙事会在历史的潮流中慢慢消逝。

对时间和历史的线性理解，也内在加深了进步观念作为强制性逻辑和客观性法则的理解。现代进步观念的一个基本特征就是"它将历史描述为一条直线——当然偶尔会有断点——势必要向无限完善的方向挺进。对历史的线性而非循环观念或许是现时代进步观惟一至关重要的一条特征"。① 不过，在现当代很多思想家看来，把时间和历史理解为线性的、单向的过程是与人的生存实践相割裂的。

进步观念能作为强制性逻辑和客观性法则，主要是因为进步观念被看成关于人类历史运演的一个客观规律，这也是现当代思想家批判最为强烈的一点。只有作为客观规律的东西才具有逻辑的强制性和法则的必然性，而这就是"进步的规律"内在具有的东西。不过很多人认为，把进步当作历史的规律只是人一种思想混乱和臆测的结果。柯林武德就认为："'进步的规律'这一概念——即历史的进程是这样地被它所支配着，以至于人类活动前后相续的各种形式的每一种都显示出是对于前一种的一次改进——因此就是纯属一种思想混乱，是由人类对自己超过自然的优越性的信念和自己只不过是自然的一部分的信念这二者间的一种不自然的结合而哺育出来的。如果说其中一种信念是真的，另一种便是假的；它们不可能被结合在一起而产生逻辑的结果来。"②

但不管怎么说，现当代思想家所批判的进步观念是那种具有逻

① 〔法〕乔治·索雷尔. 进步的幻象［M］. 吕文江，译. 上海：上海人民出版社，2003：英译者导言18.
② 〔英〕柯林伍德. 历史的观念［M］. 何兆武，张文杰，译. 北京：商务印书馆，1997：443.

辑强制性的客观法则，这也是进步观念作为一种历史观的基本内涵。我们知道不管是作为一种强制性的逻辑，还是一种客观性的法则，都是从一种认知概念的立场来理解的。因为所谓逻辑的强制性，是一种人类知性所内在具有的特征，只要是一种认知概念，都必然具有一种逻辑的强制性。而一种客观性的法则，肯定是我们通过认识对象的内在属性而把握到的，是关于对象的一种认知概念。总之，作为认知概念来理解的进步观念是近代人所一直建构和信奉的对象，而现当代思想家所集中批判的就是这种作为认知概念的进步。

（二）现代理论的基本立场：消解一切性质的进步观念

作为认知概念的进步观念由于具有内在缺陷，使得现当代思想家对之深恶痛绝。他们从不同层面对进步观念进行批判，并不是要提出一种新的进步观念，而是要消解进步观念。他们认为进步观念就是思辨理性抽象和虚构出来的一种神话，它在理论上为我们描绘了一个美好的蓝图，实际上却在深层次领域内继续扭曲和奴役人的生命。因此，破除和消解进步观念成为很多现当代思想家的共同心声，所以他们对进步观念持一种完全否定的态度。

通过上面的分析，我们可以看到，现当代思想家集中批判的进步观念并不是一个虚构的对象，而是我们一般人所信奉的那种一直以来占据统治地位的历史进步观，所以他们的批判确实是有的放矢，而且他们也的确揭示了传统进步观念自身所存在的无法消解的矛盾，以及这种矛盾给人类的生存实践所带来的负面影响。从这一点上来说，现当代思想家的批判是有根据的，对进步观念所持的否定的态度也是有其合理性的，我们对传统那种作为认知概念的进步观念就需要采取这种否定和批判的态度。

根据我们的分析，对进步观念有两种理解方式，也就是说，有两种性质完全不同的进步观念，一种是作为认知概念的进步，另一种是作为伦理理念的进步。现当代思想家由于看到作为认知概念的进步的缺陷而要完全消解进步观念，就是有点以偏概全了。我们知道，进步观念的发展史就是一个不断从伦理理念转化为认知概念的过程，正是这种转化，使得进步观念原来所具有的合法性内涵被逐渐丢弃，其合法性的界限被非法地僭越了，即进步观念从一种反思性理念变为人类历史运演的规定性法则。因为进步观念被非法使用，就抛弃进步观念本身，这样的态度是值得重新审视的。现当代思想家并没有意识到还有另外一种性质完全不同的进步观念，而这种进步观念是与他们批判的对象不同的。我们不能因为批判一种性质的进步观念，就批判和舍弃所有性质的进步观念，否则就有点像马克思所说的，我们在倒掉脏水的时候，连里面的孩子都要一起倒掉了。根据第三章对两种不同性质进步观念的分析，我们知道，进步观念只有作为一种伦理理念来理解才会具有自身的合法性，这种进步观念不但不会压缩和消除人的可能性空间，而且会对我们的思维和实践起一种导引性的作用，从而具有自身的独有价值和意义，它是不可被抛弃和否定的。

如果我们对进步观念的两种态度进行再审视，就会发现它们都有各自的根据和偏颇。对于信奉进步观念的人而言，他们虽然对进步观念持一种肯定的态度，但仅仅是那种作为认知概念的进步，也就是把进步观念当作一种稳定法则和客观规律来看待。而我们知道，以认知概念来理解的进步观念本身就是一种越界行为，是对进步观念的一种非法理解，只有以一种伦理理念的立场来理解，进步观念才具有其自身的合法性，才能更好地彰显它所具有的调节性和伦理价值性。近代人对进步观念所持的肯定态度虽然意识到了进步观念具有的内在价值和意义，但是由于他们所信奉和肯定的是一种认知概念的进步观念，这种盲目的肯定态度只能会加剧这种进步观念所具有的消极影响，从而在根本上败坏进步观念的名声。

现当代思想家看到了作为认知概念来理解的进步观念的内在缺陷，并对此提出了深刻的批判，这一点是值得肯定和赞赏的，但是由此完全否定进步观念本身的价值和意义，就是值得重新商讨的了。现当代思想家没有意识到，进步观念可以有两种完全不同的理解方式，更没有去分析作为伦理理念的进步观念所具有的价值和意义，而是对进步观念持一种完全否定的态度。现当代思想家犯了以偏概全的错误，把对一种性质的进步观念的批判，看成对一切性质的进步观念的批判，因而要求完全消解进步观念。这使得我们面临一个尴尬的局面，一方面要在理论上消解进步观念的合法性，另一方面在实践中又无法消解进步观念的信念。我们认为，现当代思想家对进步观念的否定态度在某种限度内也是需要否定的。通过对以上两种态度的重新审视和区分，我们认为，只有区分理解进步观念的两种解释原则，才能更好地去理解进步观念，并在不同范围内确立对进步观念的不同态度。

为了解决进步观念所面临的困境，我们认为理论上所批判的进步观念和实践中所坚持的进步观念是性质完全不同的两种观念。在理论上，我们批判的是作为认知概念的进步观念，即把进步观念看作稳定的法则和客观的规律，看作人类历史运演所具有的内在属性。

这种把进步观念外在化和客观化的方式必须得到批判，因为这是对进步观念的一种非法的理解，具有严重的消极影响。而在实践上，我们一直信仰的进步则是作为伦理理念的进步，即进步观念不过是理性主体的一种反思性理念，它具有一种伦理价值因素，这种进步观念不过是为理解人类历史的运演提供了一个视角，我们并不认为进步是社会历史所具有的一种属性和法则。对进步观念的这种理解是一种合法性的理解，它将为我们的思维和实践提供一种积极的导引性的作用。如此，我们所面临的一种困境就得到了较好的解决，也避免走向两种极端，即对进步观念的完全肯定或完全否定。我们要针对不同性质的进步观念，持有不同的态度，批判那种作为认知概念的进步，而信仰一种作为伦理理念的进步。

第五章

马克思进步观念的变革性

前面我们已经考察过，进步观念是近代思想的产物，并在 18 世纪后期开始成为一种占据支配地位的历史观，这一观念深深地影响了人们的思维方式和生活方式。在此以后，很多思想家都受进步观念的影响，持有一种人类历史是不断进步的信念。也就是说，对于当时的人而言，只有极少数人才会质疑进步观念，绝大多数人都是信奉进步观念的，只不过不同的思想家对进步观念的具体理解不同而已。那么马克思——人类历史上最伟大的思想家之一——对进步观念是什么态度？他是如何理解进步观念的，或者说是把进步观念放在何种解释原则下来理解的？如果说马克思的进步观念不同于传统进步观念，那么造成这种不同的理论原因是什么？马克思的进步观念在现当代理论和实践境遇中是否依然具有活力和价值？这些问题都是我们必须面对和解答的。

我们认为马克思对进步观念有了一种变革性的理解和阐释，从而使他的进步观念可以回应现当代思想家的那些批判和指责，并在今天依然保持着理论上的生命力。马克思之所以能对进步观念有一种变革性的理解，主要在于他提出了一种与形而上学思维方式不同的思维方式，即实践观点的思维方式。我们在前面已经论证过，形而上学的思维方式是作为进步观念的解释原则之一——认知概念解释原则的深层理论根源。马克思之所以不再把进步观念作为一种认知概念来理解和阐释，就在于他破除了形而上学思维方式的束缚，用一种实践观点的思维方式来理解一切，从而在进步观念的解释原则上也发生了变革，即用伦理理念的解释原则来理解进步观念。

本章拟分为以下三部分。

第一部分，我们将重点分析和论证马克思在哲学思维方式上做出革命性的贡献，即通过对传统哲学，特别是贯穿于其中的形而上学思维方式的批判，提出了一种实践观点的思维方式。马克思实践观点的思维方式有着坚实的基础，即一方面实践是人生存的基本方式，另一方面社会历史在本性上是实践的。因此，实践观点思维方式在理解人及其实践的对象方面具有比形而上学思维方式更多的优越性和合理性。

第二部分，变革进步观念的解释原则。实践观点思维方式的提出，使得马克思理解进步观念的解释原则发生了转换，即从认知概念的解释原则转向伦理理念的解释原则。也就是说，马克思对进步观念的理解有一种伦理学的转向，即从一种伦理理念的解释原则去理解和阐释进步。

第三部分，马克思对进步观念的理解不但可以回应现当代思想的批判，重新为进步观念进行辩护，并且可以把进步观念丧失的精神还给其本身，使得进步观念在人们的社会生活中依然具有独特的意义和价值。即进步观念——作为"不在场的在场"——对于推动人自由和解放的发展，激励人存有一份希望和信心，彰显人的超越维度都是极为重要的。

一、马克思哲学思维方式的变革

马克思哲学自 19 世纪中期创立以来，就一直受人瞩目。马克思被认为是从传统哲学走向现代哲学的重要思想家，他为现代哲学的发展开辟了一条崭新的路径，而之所以如此，就在于马克思实现了哲学思维方式的变革，他在对形而上学思维方式的批判中提出了一种实践观点的思维方式。因此本节将分两个部分，第一部分是梳理马克思对形而上学思维方式的批判，分析他实现思维方式变革的理论必要性。第二部分是从实践作为人的基本生存方式和社会生活的本性这两个层面来论证新思维方式的合法性。

（一）对形而上学思维方式的批判

马克思认为，传统哲学，不管是唯物主义还是唯心主义，都内在地贯穿了形而上学的思维方式。正是由于形而上学思维方式的束缚，使得现实的人要受抽象的统治，而要破除抽象的统治，就必须要对形而上学的思维方式进行批判，因而马克思在很多地方都对这种思维方式进行了激烈的批判，以便从根本上消解抽象对现实的统治。

马克思认为，只要还固守于形而上学的思维方式，那么哲学，不管是唯物的还是唯心的，都还是从一些抽象的词句出发，而不能真正理解现实、感性和实践，这一点马克思在《关于费尔巴哈的提纲》中有明确的说明，他认为："从前的一切唯物主义——包括费尔巴哈的唯物主义——的主要缺点是：对对象、现实、感性，只是从客体的或直观的形式去理解，而不是把它们当作人的感性活动，当作实践去理解，不是从主观方面去理解。所以，结果竟是这样，和唯物主义相反，唯心主义却发展了能动的方面，但只是抽象地发展了，因为唯心主义当然是不知道真正现实的、感性的活动本身的。"① 也就是说，传统哲学由于形而上学的思维方式，都是想从纯粹主观或客观的基点出发，去建构一种可以提供终极原理的哲学理论，以满足我们对终极存在、终极解释和终极价值的渴求。传统哲学不理解，一旦贯穿了形而上学的思维方式，它的现实根基也就被抽空了，哲学只能在虚幻中寻求一种自以为是的自足性，在一种与世隔绝的抽象状态中去自娱自乐，而无法真正地理解和改变世界。

当哲学遵从形而上学的思维方式时，必然会崇拜一种绝对的方法，"那么，这种绝对方法到底是什么呢？是运动的抽象。运动的抽象是什么呢？是抽象形态的运动。抽象形态的运动是什么呢？是运动的纯粹逻辑公式或者纯理性的运动。纯理性的运动又是怎么回事呢？就是设定自己，自己与自己相对立，自相结合，就是把自身规定为正题、反题、合题，或者就是它自我肯定、自我否定和否定自我否定。"② 在马克思看来，形而上学的思维方式不过是一种抽象的思维方式，一种外在于人和历史的思维方式。"这种抽象思维的外在

---

① 马克思，恩格斯. 马克思恩格斯选集：1 卷［M］. 北京：人民出版社，1995：58.

② 马克思，恩格斯. 马克思恩格斯选集：1 卷［M］. 北京：人民出版社，1995：140.

性就是……自然界，就像自然界对这种抽象思维所表现的那样。自然界对抽象思维来说是外在的，是抽象思维的自我丧失；而抽象思维也是外在地把自然界作为抽象的思想来理解，然而是作为外化的抽象思维来理解。"① 也就是说，贯穿这种抽象思维之后，现实的人和历史对于思维而言是外化和不真实的，思维对于现实的人和历史而言也是抽象和外化的，从而思维不能真正地去认识和把握对象，对象也没有在思维中真正地被建构出来。"我们就有理由说，在抽象的最后阶段，作为实体的将是一些逻辑范畴。所以形而上学者也就有理由说，世界上的事物是逻辑范畴这块底布上绣成的花卉：他们在进行这些抽象时，自以为在进行分析，他们越来越远离物体，而自以为越来越接近，以至于深入物体。哲学家和基督徒不同之处正是在于：基督徒只有一个逻各斯的化身，不管什么逻辑不逻辑；而哲学家则有无数化身。既然如此，那么一切存在物，一切生活在地上和水中的东西经过抽象都可以归结为逻辑范畴，因而整个现实世界都淹没在抽象世界之中，即淹没在逻辑范畴的世界之中，这又有什么奇怪呢?"② 固守于形而上学的思维方式，一切被考察的事物在最后都将化为逻辑范畴，而不再具有任何所谓的偶性和异质性，一切都被溶解在同一性的逻辑内。

在马克思看来，正是由于贯穿了形而上学的思维方式，所以传统哲学，不管是唯心主义还是唯物主义，甚至包括费尔巴哈的唯物主义，都不可能真正地去理解现实、事物、感性，他们的哲学思维

---

① 马克思.1844 年经济学哲学手稿［M］.北京：人民出版社，2000：98.
② 马克思，恩格斯.马克思恩格斯选集：1 卷［M］.北京：人民出版社，1995：139.

只是停留于抽象的逻辑范畴而不能真正沉浸于现实的事物，从而对矛盾的认识和解决也仅仅局限于理论内部，无法实现思想在此岸的现实性。

唯心主义太在意思想的纯粹性和自足性，因而把自身提升到云端去思想，生怕被尘世的一切所污染，并相信尘世的一切矛盾和争端都可以通过逻辑范畴的运演而得到说明和解决。它所借助的理性和思想，都是脱离了现实个体的理性和思想，因为是一种纯粹的、永恒的、无人身的理性和思想。因此，马克思批判黑格尔把异化仅仅理解为精神的异化而不是感性的异化，"例如，当他（黑格尔——引者注）把财富、国家权力等看成同人的本质相异化的本质时，这只是就它们的思想形式而言……它们是思想本质，因而只是纯粹的即抽象的哲学思维的异化。因此，整个运动是以绝对知识结束的。这些对象从中异化出来的并以现实性自居而与之对立的，恰恰是抽象的思维。哲学家——他本身是异化的人的抽象形象——把自己变成异化的世界的尺度。因此，全部外化历史和外化的全部消除，不过是抽象的、绝对的思维的生产史，即逻辑的思辨的思维的生产史"。因为黑格尔对异化仅仅是一种抽象的理解，所以他对异化也只能是一种抽象的解决，即在思想中克服异化。他不知道，即便异化在绝对精神的运动中被消解得再彻底，它依然不能缓解现实中人们异化的程度和痛苦。而且由于受形而上学思维方式的束缚，黑格尔辩证法的批判性也无法真正得到实现。马克思认为，"在《现象学》中，尽管已有一个完全否定的批判外表，尽管实际上已包含着往往早在后来发展之前就先进行的批判，黑格尔晚期著作的那种非批判的实证主义和同样非批判的唯心主义——现有经验在哲学上的分解和恢复——已经以一种潜在的方式，作为萌芽、潜能和秘密存在着了”①。也就是说，由于没有摆脱形而上学的思维方式，黑格尔的辩证法注定不能实现它自身的理论本性，即将批判性和否定性进行到底。当我们说黑格尔辩证法的批判性不彻底，主要还不在于他的唯心主义，而是因为他的辩证法是处于形而上学思维方式之下的辩证法，这样辩证法的否定性必然会被窒息。对于形而上学的思维方式而言，注定要遵循同一性的逻辑，在抽象中追求终极存在、终极解释和终极价值。而辩证法在其本质上是要破除这些东西，“因为辩证法在对现存事物的肯定的理解中同时包含对现存事物的否定的理解，即对现存事物的必然灭亡的理解；辩证法对每一种即成的形式都是从不断的运动中，因而也是从它的暂时性方面去理解；辩证法不崇拜任何东西，按其本质来说，它是批判的和革命的”②。

我们都知道马克思对费尔巴哈的评价很高，认为“费尔巴哈是惟一对黑格尔辩证法采取严肃的、批判的态度的人；只有他在这个领域内作出了真正的发现，总之，他真正克服了旧哲学”。费尔巴哈最重要的功绩在于“证明了哲学不过是变成思想的并通过思想加以阐明的宗教，不过是人的本质的异化的另一种形式和存在方式；因此哲学同样应当受到谴责”③。也就是说，他揭示了唯心主义哲学的假面具，认为唯心主义哲学包括黑格尔的哲学不过是一种具有宗教性质的理论。费尔巴哈不满意唯心主义把思想和精神看作一切现实

---

① 马克思. 1844 年经济学哲学手稿 ［M］. 北京：人民出版社，2000：99 – 100.

② 马克思，恩格斯. 马克思恩格斯选集：2 卷 ［M］. 北京：人民出版社，1995：112.

③ 马克思. 1844 年经济学哲学手稿 ［M］. 北京：人民出版社，2000：96.

的本质，不满意于它们的抽象思维。马克思说："费尔巴哈想要研究跟思想客体确实不同的感性客体，但是他没有把人的活动本身理解为对象性的活动。"① 因此他只是把事物、现实、感性当作直观的东西去认识，而纯粹直观的东西也是一种抽象，在这个层面上费尔巴哈并没有真正超越传统理论。这主要是因为旧唯物主义，包括费尔巴哈的唯物主义都还是遵从于形而上学的思维方式，它们也是要借助于同一性的逻辑思维，使自己的理论能把握终极存在、得到终极解释和具有价值。与唯心主义哲学家不同之处，仅在于他们是从纯粹客体这一极出发，但所采用的思维方式和最终的理论旨趣却是相通的。

"唯物主义和唯心主义虽然对事物、现实的理解不同，其共同点在于都要寻找对现实事物的终极的、绝对确定的理解，即都把事物、现实作为某种终极原因的结果，或一切结果的终极原因，即都是还原论、本体化的思维方式，都是绝对一元主义的思维方式。"② 也是我们所说的形而上学的思维方式。正是由于这种思维方式的束缚，传统哲学都只能是站在现实的人和世界之外，去理解和拯救人，但它最终也只是在抽象中去理解人和世界，并在抽象中实现拯救人和世界的宏大理想。所以马克思才认为重要的在于改变世界而非解释世界，当哲学还是遵循形而上学的思维方式时，它是不可能真正地改变世界的，因为那是它所无法真正触及的领域。

---

① 马克思，恩格斯. 马克思恩格斯选集：1 卷［M］. 北京：人民出版社，1995：58.

② 高清海，孙利天. 马克思的哲学观变革及其当代意义［J］. 天津社会科学，2001（5）：11.

正因为如此，马克思对传统哲学及其形而上学的思维方式采取了一种坚决批判的态度，并决心使自己的理论摆脱形而上学思维方式的束缚，真正地去认识现实、感性、事物，从而实现改造世界的理论目标。马克思之所以能实现对传统哲学及其形而上学的思维方式的批判，就在于他从人的感性活动，即实践出发去理解一切事物、现实、感性，从而提出了一种新的思维方式。

（二）实践观点的思维方式及其理论基础

马克思从人的实践活动出发，提出一种实践观点的思维方式。马克思不满意传统哲学，认为它们都不能真正理解现实、感性、事物，它们最终都是遵循一种形而上学的思维方式。如果想要跳出传统哲学及其思维方式的束缚，就必须找到一个坚实的理论基点。也就是说，马克思能提出一种实践观点的思维方式，是有着现实的理论根基的，这主要表现在两个方面。首先，实践是人最基本的生存方式，是人既区别于万物又能和万物相联系的关键点。其次，社会生活在本质上是实践的。

1. 实践——人的基本生存方式

马克思认为，诚然我们"可以根据意识、宗教或随便别的什么来区别人和动物。一旦人们自己开始生产自己的生活资料的时候，这一步是由他们的肉体组织所决定的，人本身就开始把自己和动物区别开来。人们生产自己的生活资料，同时间接地生产着自己的物质生活本身"①。也就是说，实践是人的基本生存方式，它维持着人

---

① 马克思，恩格斯. 马克思恩格斯选集：1 卷［M］. 北京：人民出版社，1995：67.

的生存和发展，并把人与外物区别开来。

通过实践活动，人不但区别于外物，而且与外物有了一种普遍性的联系，使人的存在具有了一种普遍性。因为"在实践上，人的普遍性正是表现为这样的普遍性，它把整个自然界——首先作为人的直接的生活资料，其次作为人的生命活动的对象（材料）和工具——变成人的无机的身体"。由于实践，人可以把整个自然作为对象，而动物只能以有限的自然作为对象，从而确证了人是类存在物。"人是类存在物，不仅因为人在实践上和理论上都把类——他自身的类以及其他物的类——当作自己的对象；而且因为——这只是同一种事物的另一种说法——人把自身当作现有的、有生命的类来对待，因为人把自身当作普遍的因而也是自由的存在物来对待。"①

实践作为人基本的生存方式，不但使人成为类存在物，还表现为它是人一种有意识的、自由的活动，从而与动物的活动有本质的区别。动物与自己的生命活动是直接同一的，而"人则使自己的生命活动本身变成自己意志的和自己意识的对象。他具有有意识的生命活动。这不是人与之直接融为一体的那种规定性。有意识的生命活动把人同动物的生命活动直接区别开来。正是由于这一点，人才是类存在物。或者说，正因为人是类存在物，他才是有意识的存在物，就是说，他自己的生活对他来说是对象，仅仅由于这一点，他的活动才是自由的活动"②。人通过实践来改造世界和人自身，从而使得自身的目的和价值对象化。在实践中，人创造了对象也创造了自身。因为，通过实践活动，环境和对象被倾入了人的意志和目的，

---

① 马克思. 1844 年经济学哲学手稿［M］. 北京：人民出版社，2000：56.
② 马克思. 1844 年经济学哲学手稿［M］. 北京：人民出版社，2000：57.

成为人的作品和现实，而环境和对象的改变又会作用于人的生存和发展，改变着人。也就是说，以实践为中介，人与环境之间实现了一种良好的互动。

实践不但使人的对象具有普遍性，活动具有自由性和意识性，而且使个体成为一个现实的人。在马克思看来，实践中的人才是现实的人，"也就是说，这些个人是从事活动的，进行物质生产的，因而是在一定的物质的、不受他们任意支配的界限、前提和条件下活动着的。"① 即现实的个人，一定是从事实践的个人，是在实践中不断被塑造的个人。而且，只有从实践出发才能真正理解现实的人，因为"个人怎样表现自己的生活，他们自己就是怎样。因此，他们是什么样的，这同他们的生产是一致的——既和他们生产什么一致，又和他们怎样生产一致。因而个人是怎样的，这取决于他们进行生产的物质条件"②。或者更确切地说，个人是怎样的，这需要从他们实践的方式来理解。传统唯物主义不理解这一点，所以"直观的唯物主义，即不是把感性理解为实践活动的唯物主义，至多也只能做到对'市民社会'的单个人的直观"③。也就是说，它只能把人理解为抽象的和孤立的个体，而不是现实的个体。

最后，实践作为人的基本生存方式，可以帮助我们重新理解人的本质。传统哲学，不管是唯物主义还是唯心主义，都只是把人的

---

① 马克思，恩格斯. 马克思恩格斯选集：1 卷［M］. 北京：人民出版社，1995：72.

② 马克思，恩格斯. 马克思恩格斯选集：1 卷［M］. 北京：人民出版社，1995：67－68.

③ 马克思，恩格斯. 马克思恩格斯选集：1 卷［M］. 北京：人民出版社，1995：60.

本质界定为一种抽象的东西，而遗忘了人的生存本性。唯心主义通常是从理性、精神、意识等方面来规定人的本质，这一做法忽略了人所具有的偶然性和异质性，把人身上的丰富性全都过滤掉了。传统唯物主义在理解人的本质方面并没有多少优越性，只不过转向抽象的另一极，从抽象的物质或客体出发来规定人的本质，但抽象的另一极也是抽象啊！马克思认为费尔巴哈把宗教的本质规定为人的本质，认为宗教不过是人的本质的异化，这是一种进步，但是他不能把人的感性活动理解为真正人的活动，他只能把人的本质理解为一种抽象的产物，把人理解为孤立的个体。"但是，人的本质不是单个人所固有的抽象物。在其现实性上，它是一切社会关系的总和。"① 这里说的社会关系其实就是人们在实践中所形成的实践关系。因此，我们要把人的本质看作实践关系的总和，而不是某种抽象的、先验的东西。

马克思说："任何一个存在物只有当它用自己的双脚站立的时候，才认为自己是独立的，而且只有当它依靠自己而存在的时候，它才是用自己的双脚站立的。"② 实践就是人可以依靠并使自己独立的法宝，它不但维持人的生存，而且提升人的尊严，使人成为自己和世界的创造者。正是由于实践活动在人生存和发展中的重要性，才使得马克思把实践理解为人的基本生存方式。

2. 社会生活的实践性

按照马克思的理解，"社会生活在本质上是实践的。凡是把理论

---

① 马克思，恩格斯. 马克思恩格斯选集：1 卷 [M]. 北京：人民出版社，1995：58 – 60.

② 马克思. 1844 年经济学哲学手稿 [M]. 北京：人民出版社，2000：91.

导致神秘主义的神秘东西，都能在人实践中以及对这个实践的理解中得到合理的解决"。① 说社会生活在本质上是实践的，一方面是说，社会是人实践活动的产物。另一方面是说，只有从实践出发去理解，我们才能真正理解社会历史。

传统哲学家从来不把社会历史看作人实践的产物，在他们看来，社会历史的产生和运演都是受外在力量支配的，人虽然生存于其中，却无法真正影响和支配其发展。虽然不同的思想家对社会历史的本质理解不同，但相同的一点是，他们都不把具有实践能力的人看作社会历史的主人，也不认为是人通过实践在不断地延续和改变社会历史。马克思认为，通过纯粹经验的方法我们就可以确定，有生命的个人的存在是一切历史的前提，"因此我们首先应当确定一切人类生存的第一个前提，也就是一切历史的第一个前提，这个前提就是：人们为了能够'创造历史'，必须能够生活。但是为了生活，首先就需要吃喝住穿以及其他一些东西。因此第一个历史活动就是生产满足这些需要的资料，即生产物质生活本身"②，正是在人通过实践满足自身对生活资料需求的过程中，社会历史才得以展开和延续。"由此可见，事情是这样的：以一定的方式进行生产活动的一定的个人，发生一定的社会关系和政治关系。经验的观察在任何情况下都应当根据经验来揭示社会结构和政治结构同生产的联系，而不应当带有任何神秘和思辨的色彩。社会结构和国家总是从一定个人的生活过

---

① 马克思，恩格斯. 马克思恩格斯选集：1 卷［M］. 北京：人民出版社，1995：60.

② 马克思，恩格斯. 马克思恩格斯选集：1 卷［M］. 北京：人民出版社，1995：78－79.

程中产生的。"① 也就是说，没有一定个人所从事的实践，社会和国家都是不可能产生和出现的。

由于不能把社会历史看作人的实践活动的结果，"费尔巴哈对感性世界的'理解'一方面仅仅局限于对这一世界的单纯的直观，另一方面仅仅局限于单纯的感觉……他没有看到，他周围的感性世界决不是某种开天辟地以来就直接存在的、始终如一的东西，而是工业和社会状况的产物，是历史的产物，是世世代代活动的结果，其中每一代都立足于前一代所达到的基础上，继续发展前一代的工业和交往，并随着需要的改变而改变它的社会制度。"马克思认为是人的实践，"这种活动，这种连续不断的感性劳动和创造、这种生产，正是整个现存的感性世界的基础，它哪怕只中断一年，费尔巴哈就会看到，不仅在自然界将会发生巨大的变化，而且整个人类世界以及他自己的直观能力，甚至他本身的存在也会很快就没有了。"② 也就是说，如果人的实践活动停止了，不但社会的存在难以想象，而且个人的存在也难以想象，因为所有与人实践活动无关的东西，对人而言都是一种"非存在"。因此，社会历史的本质就是实践，就是人的感性活动的过程和结果。"历史不外是各个世代的依次交替。每一代都利用以前各代遗留下来的材料、资金和生产力；由于这个缘故，每一代一方面在完全改变了的条件下继续从事所继承的活动，

---

① 马克思，恩格斯. 马克思恩格斯选集：1卷［M］. 北京：人民出版社，1995：71.

② 马克思，恩格斯. 马克思恩格斯选集：1卷［M］. 北京：人民出版社，1995：75－77.

另一方面又通过完全改变了的活动来变更旧的环境。"① 由于社会生活在本质上是人通过实践对外在自然和内在自然的改造，我们才可以把社会历史看成自然界向人的对象化过程。对于社会主义的人来说，"整个所谓世界历史不外是人通过人的劳动而诞生的过程，是自然界对人来说的生成过程，所以关于他通过自身而诞生、关于他的形成过程，他有直观的、无可辩驳的证明"②。这里所说的"社会主义的人"就是把实践看成社会生活本质的人。

　　社会生活的本性是实践的，这就内在地要求我们要从感性的实践活动出发去理解社会历史。马克思认为，正是由于不能理解实践作为社会生活的本性，传统哲学才无法真正切中现实生活，也不能正确理解意识和存在的关系。这一点"在黑格尔那里是这样表现的：感性、宗教、国家权力等是精神的本质，因为只有精神才是人的真正的本质，而精神的真正形式则是思维着的精神，逻辑的、思辨的精神"。"所以整整一部《哲学全书》不过是哲学精神的展开的本质，是哲学精神的自我对象化；而哲学精神不过是在它的自我异化内部通过思维理解即抽象地理解自身的、异化的宇宙精神。——逻辑学是精神的货币，是人和自然界的思辨的、思想的价值——人和自然界的同一切现实的规定性毫不相干地生成的因而是非现实的本质——是外化的因而是从自然界和现实的人抽象出来的思维，即抽象思维。"③ 因此，对于唯心主义者而言，社会生活的本质是精神、

---

①　马克思，恩格斯. 马克思恩格斯选集：1 卷［M］. 北京：人民出版社，1995：88.

②　马克思. 1844 年经济学哲学手稿［M］. 北京：人民出版社，2000：92.

③　马克思. 1844 年经济学哲学手稿［M］. 北京：人民出版社，2000：98－100.

意识、思维，因此要理解社会生活，就要从精神、意识和思维出发，把社会生活归结为其精神本质的运作和外化。

即便是作为唯物主义者的费尔巴哈，在理解社会生活本性的时候，也是从一种抽象的直观出发。费尔巴哈不理解人的感性活动，因而在理解社会历史方面，费尔巴哈又重新陷入了唯心主义的陷阱。"他没有批判现在的生活关系，因而他从来没有把感性世界理解为构成这一世界的个人的共同的、活生生的、感性的活动……这就是说，正是在共产主义的唯物主义者看到改造工业和社会制度的必要性和条件的地方，他却重新陷入唯心主义。"所以马克思说："当费尔巴哈是一个唯物主义者的时候，历史在他的视野之外；当他去探讨历史的时候，他决不是一个唯物主义者。在他那里唯物主义和历史是彼此完全脱离的。"① 造成这种脱离的原因就在于费尔巴哈没有真正找到理解社会生活的那把钥匙——实践，只有从人的感性实践出发，我们才有可能正确地去理解和阐释社会历史。

马克思认为："社会生活在本质上是实践的。凡是把理论导致神秘主义方面去的神秘东西，都能在人的实践中以及对这个实践的理解中得到合理的解决。"② 因此在存在与意识的关系问题中被哲学家神秘化的倾向可以得到很好的矫正，而矫正的手段，就是从实践出发去理解社会生活中的一切。社会历史的产生和延续都是与人的实践密切关联的，而所谓的意识、精神、思维从一开始也是与人的实

---

① 马克思，恩格斯．马克思恩格斯选集：1 卷 [M]．北京：人民出版社，1995：77 - 78.

② 马克思，恩格斯．马克思恩格斯选集：1 卷 [M]．北京：人民出版社，1995：60.

践结合在一起的，即"思想、观念、意识的生产最初是直接与人们的物质活动，与人们的物质交往，与现实生活的语言交织在一起的。人们的想象、思维、精神交往在这里还是人们物质行动的直接产物。表现在某一民族的政治、法律、道德、宗教、形而上学等的语言中的精神生产也是这样"①。就是说，社会生活中我们所能接触到的一切东西都注定是实践"污染"过的，而且也只有被实践"污染"过的对象才可能属于社会历史的领域。从实践的观点去理解，不是精神、意识、思维支配和决定物质存在，也不存在那种纯粹的精神、思维和意识。因为"'精神'从一开始就很倒霉，注定要受物质的'纠缠'，物质在这里表现为震动着的空气层、声音，简言之，即语言。语言和意识具有同样长久的历史；语言是一种实践的、既为别人存在因而也为我自身而存在的、现实的意识。语言也和意识一样，只是由于需要，由于和他人交往的迫切需要才产生的"②。也可以说它们都是由于人的实践需要，并在人的实践中产生的。

　　一旦用实践的观点来理解社会，理解精神、意识、思维，也就真像马克思所说的那样，"德国哲学从天国降到人间；和它完全相反，这里我们是从人间升到天国，这就是说，我们不是从人们所说的、所设想的、所想象的东西出发，也不是从口头说的、思考出来的、设想出来的、想象出来的人出发，去理解有血有肉的人。我们的出发点是从事实际活动的人，而且从他们的现实生活过程中还可

① 马克思，恩格斯．马克思恩格斯选集：1 卷［M］．北京：人民出版社，1995：72.

② 马克思，恩格斯．马克思恩格斯选集：1 卷［M］．北京：人民出版社，1995：81.

以描绘出这一生活过程在意识形态上的反射和反响的发展"。在马克思看来，正因为是从实际活动的人和人的实际活动出发，我们才可以把理论导向神秘方面去的倾向矫正过来。只要我们从人的实际活动出发去理解，"甚至人们头脑中模糊幻象也是他们的可以通过经验来确定的、与物质前提相联系的物质生活过程的必然升华物。因此，道德、宗教、形而上学和其他意识形态，以及与它们相适应的意识形式便不再保留独立性的外观了。它们没有历史，没有发展；而发展着自己的物质生产和物质交往的人们，在改变自己的这个现实的同时也改变着自己的思维和思维的产物"①。因此，只有从实践出发去理解对象，笼罩在它们之上的那些神秘的色彩才能被剥除。也只有从实践出发去理解社会，我们才可能得到关于社会的真正的实证科学，而不是思辨的理论。

因此，我们可以说，社会生活在本质上是实践的，或者也可以说实践是社会生活的本性，只有立足于实践，我们才有可能正确理解社会历史的产生和延续。

3. 新思维方式的提出

由于实践不但是人的基本生存方式，而且是社会生活的本性，所以马克思提出了一种实践观点的思维方式，即从实践的观点来理解社会及人自身的生存和发展。这种实践观点的思维方式与传统形而上学的思维方式有本质区别。形而上学的思维方式是从一种先验的本质或原则来理解事物、现实、感性，从而把事物、现实、感性都归结为先验本质的产物，而成为与现实的人及其活动无关的东西。

---

① 马克思，恩格斯．马克思恩格斯选集：1 卷［M］．北京：人民出版社，1995：73.

在这种思维方式下，不但事物、现实、感性被抽象化了，连人也被抽象化了，从而使得现实被抽象所遮蔽和统治。马克思立足于人的生存实践及社会生活的实践本性提出实践观点的思维方式则是要重新把现实从抽象中拯救出来，重新把人所丧失的东西还给人本身，重新让人成为社会历史的创造者和主人。

"马克思从感性活动和实践的观点去理解事物、现实、感性，把事物和现实世界看作历史活动中的生成和发展，从而把包括哲学认识在内的一切意识形式也看作历史发展的过程，这就历史性地终结了永恒真理、永恒正义和意识绝对确定性的哲学幻想，终结了西方传统哲学思维方式的有效性。从实践活动理解事物、现实和感性，一方面揭示了意识能动性的真正的、现实的根源，具体而非抽象地发展了意识的能动的方面；另一方面也揭示了意识显现的事物和现实的真正的客观性和自在性，把旧唯物主义单纯直观的感性确定性发展为历史实践的相对确定性。这样，马克思的实践观点的思维方式，便克服了旧唯物主义和唯心主义的抽象的对立，解决了主观与客观、认识与实践的具体的历史的统一问题，真正超越了西方传统哲学的思维方式。"① 即马克思提出的实践观点的思维方式超越了传统西方理论所内在遵循的形而上学的思维方式，以实践观点的思维方式来理解对象、事物和感性，就是要把它们的产生和持存与人的实践关联起来，从而使得对它们的理解具有一种历史性和批判性，这样不但把属于人的社会历史还给了人本身，而且使抽象的东西在与实践的关联中具体化和现实化了，因此也就彻底否定了形而上学

---

① 高清海，孙利天．马克思的哲学观变革及其当代意义［J］．天津社会科学，2001（5）：11.

的思维方式。

实践观点的思维方式对于我们理解人和世界的变革性主要表现在以下几个方面。

首先，以实践观点的思维方式去理解人，就是从人的实践活动本身去理解人，人不但是具体的，而且具有创造能力。人不再是受抽象观念统治的抽象个体，而是从事一定实践的个体。作为从事实践活动的个体，人是具体的和历史的。这样，人的"生存"的本性就得到了展现，即人不是某种现成的具有一定抽象本质的存在物，而是一种具有可能性，并能在实践过程中不断开拓这种可能性的存在物。当马克思说人的本质是一切社会关系的总和时，这里的社会关系也是实践关系。人的实践是一个具体的和历史的过程，因而人的实践关系或社会关系也是一个具体的和历史的关系，从而人的本质就不是一个先验的对象，而是实践的结果，并能够随着实践的变动而变动。而且以实践的观点来看，不是人受抽象观念的统治，抽象观念本身是由于人的实践而产生的，整个社会历史也是人实践活动的产物，并在人的实践中不断地延续和改变，因而人是社会历史的主人，而不是抽象观念。如果贯穿一种形而上学的思维方式，人的本质肯定是由某种先验的东西所规定的，这样人的生存就是由某种先验的本质和原则所决定，人的生存本性就被抹杀了。而且以形而上学的思维方式来看，人不可能是社会历史的主人，社会历史的产生和演变也不是人的实践活动的结果，而是取决于一种更大的"实体"——绝对精神、观念、思维，等等，人及其实践活动根本不能对社会历史产生任何实质性的影响，即便有，也只不过是作为中介而存在的。因此，从形而上学的思维方式转换到实践观点的思维方式，马克思使我们对人的理解有了一种革命性的变化。

其次，从实践观点的思维方式出发，我们才能理解人与世界那种否定性的统一关系。在形而上学的思维方式下，人与世界的关系不是一种抽象的对立就是抽象的统一关系。所谓抽象的对立关系，就是坚持人与外在世界的区别，并割裂它们之间的统一性，在它们的这种对立中分别理解它们；而抽象的统一关系，则是没有意识到人与外在世界的本质区别，而仅仅是把人和外在世界理解为某种本体的不同显现或者是精神的不同阶段，从而使得它们没有任何本质性的区别。不管是坚持哪种观点，人与世界的关系始终是一种抽象和静态的关系，而不能使它们之间的关系具体化和动态化。如果以实践观点的思维方式来理解，人与外在世界之间就是一种具体的和否定的统一关系。说它是具体的，是因为作为人与外界对象联接的中介实践活动是具体的，从而使得它们之间的关系也是具体的。说它们是一种否定性的统一关系，这也是由实践活动的本性决定的。"按照马克思的理解，实践是人创造自己需要的生活资料即人对象世界，和把自己创造为人即人的自我创造的一种活动方式。"① 通过实践，实现了人与对象双向的对象化，即实现了人与对象在新的层面上的统一关系，但这种统一关系是通过人与对象的相互否定来实现的。就是说，实践是人本质的对象化和对象的人本化过程，它们各自的自在性都在实践中得到了否定。因而我们才说，人通过实践，不但使对象得到了改造，也使自身得到了改造。

最后，坚持实践观点的思维方式，对社会历史也会有一种全新

---

① 高清海，孙利天．马克思的哲学观变革及其当代意义［J］．天津社会科学，2001（5）：12.

的理解。社会历史会被理解为人们实践的产物并随着实践而改变，这就形成了一种新的历史观。"这种历史观就在于：从直接生活的物质生产出发阐述现实的生产过程，把同这种生产方式相联系的、它所生产的交往形式，即各个不同阶段上的市民社会理解为整个历史的基础从市民社会作为国家的活动描述市民社会，同时从市民社会出发阐明意识的所有各种不同理论的产物和形式，如宗教、哲学、道德，等等，而且追溯他们产生的过程。……这种历史观与唯心主义历史观不同，它不是在每个时代中寻找某种范畴，而是始终站在现实历史的基础上，不是从观念出发解释实践，而是从物质实践出发来解释观念的形成"，与此不同的是贯穿形而上学思维方式所形成的历史观，即用一种超验的本质或原则来阐释社会历史的产生和延续。由于不能理解实践对于社会历史的基础性，"迄今为止的一切历史观不是完全忽视了历史的这一现实基础，就是把它仅仅看成与历史过程没有任何联系的附带因素。因此，历史总是遵照在它之外的某种尺度来编写的；现实的生活生产被看成某种非历史的东西，而历史的东西则被看成某种脱离日常生活的东西，某种处于世界之外和超乎世界之上的东西。"① 从而社会历史也就被抽象为完全与人及其实践无关的东西，即虚假的东西。

综合以上所述，马克思通过反思和批判形而上学思维方式的缺陷，并根据实践——人的基本生存方式，及其作为社会生活的本质特性，提出了一种实践观点的思维方式。这种思维方式的提出，不但可以帮助我们重新理解人和社会历史及其之间的关系，而且可以

---

① 马克思，恩格斯. 马克思恩格斯选集：1 卷［M］. 北京：人民出版社，1995：92－93.

为我们彻底克服形而上学思维方式提供保障。这种思维方式的提出将会对马克思的进步观念带来什么样的影响呢？这将是我们下面考虑的内容。

二、马克思解释原则的转换及对进步观念的影响

上面我们考察了马克思实现的哲学思维方式的变革，以及这种变革带来的对现实、事物、感性理解的转变。我们初步论证了，在实践观点思维方式下形成的对社会历史的理解是绝对不同于在形而上学思维方式下所形成的关于社会历史的理解的。这一节我们将继续深化这一论题，揭示出在实践观点的思维方式下，马克思对社会历史的形成和演变有了不同于传统理论的理解和阐释，从而在进步观念的解释原则上也发生了巨大的转换，我们认为马克思已经实现了从认知概念的解释原则向伦理理念的解释原则的转换。因此本小节分两部分，第一部分论证通过对社会历史的重新理解，马克思实现了进步观念的解释原则的转换。第二部分则论证由于思维方式和解释原则的变革，马克思的进步观念与传统进步观念有了本质性的区别。

（一）思维方式变革导致解释原则的转换

当马克思从实践出发去理解现实、事物、感性时，他已经摆脱了形而上学思维方式的束缚，不再迷恋于对终极本质、终极解释和终极价值的寻觅，而是把一切都放到具体的实践中去理解，实践本

身所具有的具体性和历史性使得人及其社会历史也具有具体性和历史性。也就是说，马克思通过思维方式的转换，对事物、现实、感性都是从其历史性来理解和把握，不再用一种抽象的绝对方法，通过对超验本质的追求来解释世界，而是用一种经验实证的方法，去阐释社会历史的产生和延续。这样，马克思对社会历史就有了一种全新的理解。

马克思认为只有从现实的人及其实践出发才有可能理解社会历史的本质，才有可能消除把社会历史导向神秘主义方向的神秘东西。之所以要从人及其实践出发来理解，是因为社会历史"的前提是人，但不是处在某种虚幻的离群索居和固定不变状态中的人，而是处在现实的、可以通过经验观察到的、在一定条件下进行的发展过程中的人。只要描绘出这个能动的生活过程，历史就不再像那些本身还是抽象的经验论者所认为的那样，是一些僵死的事实的汇集，也不再像唯心主义者所认为的那样，是想象的主体的想象活动"①。社会历史将会作为现实的而非抽象的对象被人理解和阐释。

从实践观点出发去理解，"历史不是作为'产生于精神的精神'消融在'自我意识'中而告终的，而是历史的每一阶段都遇到一定的物质结果、一定的生产力总和，人对自然以及个人之间历史地形成的关系，都遇到前一代传给后一代的大量生产力、资金和环境，尽管一方面这些生产力、资金和环境为新的一代所改变，但另一方面，它们也预先规定了新的一代本身的生活条件，使它得到一定的发展和具有特殊的性质。"也就是说，社会历史不是受制于某些先验

---

① 马克思，恩格斯.马克思恩格斯选集：1 卷［M］.北京：人民出版社，1995：73.

的原则和抽象的观念，而是依存于人具体的实践活动。实践是人与社会历史互动的中介，在实践中人既主导社会历史的演变又在这种演变中改变着自身。因而马克思说，"人创造环境，同样，环境也创造人。每个个人和每一代所遇到的现成的东西：生产力、资金和社会交往形式的总和，是哲学家们想象为'实体'和'人的本质'的东西的现实基础，是他们神化了的并与之作斗争的东西的现实基础，这种基础尽管遭到以'自我意识'和'唯一者'的身份出现的哲学家们的反抗，但它对人们的发展所起的作用和影响却丝毫也不因此而受到干扰。"① 那些以为社会生活的本质要从思想、精神、意识来理解的思想家，即便可以在纯粹的思想中把问题解决一万遍，但依然丝毫无助于对现实问题的解决，因为他们的理论仅仅停留于云霄而无法下降到尘世。"其实全部问题只在于从现存的现实关系出发来说明这些理论词句。如前所说，要真正地、实际地消灭这些词句，从人们的意识中消除这些观念，就要靠改变了的环境而不是靠理论上的演绎来实现。"② 问题不在于解释世界，而主要在于改造世界。如果不从实践出发去理解社会历史，那么哲学要改造世界的目标就很难真正实现，因为哲学和社会历史的实际过程是完全脱节的，它们之间的联系仅仅是一种抽象的联系。从实践出发来理解，"历史向世界历史的转变，不是'自我意识'、宇宙精神或某个形而上学怪影的某种抽象行为，而是纯粹物质的、可以通过经验确定的事实，每

---

① 马克思，恩格斯. 马克思恩格斯选集：1 卷［M］. 北京：人民出版社，1995：92-93.

② 马克思，恩格斯. 马克思恩格斯选集：1 卷［M］. 北京：人民出版社，1995：95.

200

一个过着实际生活的，需要吃、喝、穿的个人都可以证明这一事实。"① 从实质上看，社会历史的延续和发展不过是每一代人实践活动的交替。

一旦马克思摆脱了形而上学思维方式的束缚，从实践观点思维方式去理解社会历史的产生及其演变过程，他对社会历史的理解就不局限于知识论的领域了，而是把一切事物、现实、感性都理解为人实践活动的结果，这样不但使它们具有了历史性的特征，而且由于作为人实践活动的产物，它们已经被倾入了人的目的性和价值性，因而在对它们的理解中不可避免地要有一种伦理理念的视角。社会历史所具有的目的性和伦理性都不是抽象的，而是与现实的人及其实践有关的。如果形而上学思维方式是认识概念解释原则的深层理论基础，那么实践观点的思维方式则是伦理理念解释原则的理论根据。

传统思想家受形而上学思维方式的支配，总是把社会历史具有目的性和价值性归到某种抽象的精神和先验的原则上面，认为社会历史的发展受制于某种超验的力量，并且社会历史的运演是一个不断地趋向某种目的和价值的历程。对此，马克思说："然而，事情被思辨地扭曲成这样：好像后期历史是前期历史的目的，例如，好像美洲的发现的根本目的就是要促使法国大革命的爆发。于是历史便具有了自己特殊的目的并成为某个与'其他人物'（如'自我意识''批判''唯一者'等）'并列的人物'。其实，前期历史的'使命''目的''萌芽''观念'等词所表明的东西，终究不过是从后期历

① 马克思，恩格斯．马克思恩格斯选集：1卷［M］．北京：人民出版社，1995：89.

史中得出的抽象，不过是从前期历史对后期历史发生的积极影响中得出的抽象。"① 在马克思看来，社会历史本身并不是真的趋向于一个抽象的终极目标和价值，社会历史的发展所具有的目标和价值都是与从事具体实践活动的人分不开的，虽然它并不是哪一个人所要求的目标和价值。思辨的哲学家不明白这一点，总是要把社会历史看成本身具有意志的东西，看成一个"大写的人"。正如马克思所揭示的，"哲学家们在不再屈从于分工的个人身上看到了他们名之为'人'的那种理想，而且把'人'强加于迄今每一历史阶段中所存在的个人，并把他描述成历史的动力。这样，整个历史过程被看成'人'的自我异化过程，实质上这是因为，他们总是把后来阶段的普通个人强加于先前阶段的个人并且以后来的意识强加于先前的个人。"② 这样的话，好像历史的每一时代的人都是为最后一代的人做准备，从而实现历史的终极目的和价值。

马克思立足于实践观点的思维方式之上，把社会历史的目的性和价值性复归于从事实践的人本身，对那种以一种抽象的方法来理解和阐释历史的做法给予了严厉的批判，从而变革了学界对社会历史的理解。

马克思认为传统理论都是用一种抽象的原则去理解和阐释社会历史的，它们认为社会历史是可以通过知性概念把握到的对象，完全遮蔽了社会历史的实践性和历史性。在传统理论那里，"历史总是

---

① 马克思，恩格斯. 马克思恩格斯选集：1卷［M］. 北京：人民出版社，1995：88.

② 马克思，恩格斯. 马克思恩格斯选集：1卷［M］. 北京：人民出版社，1995：130.

遵照在它之外的某种尺度来编写的；现实的生活生产被看成某种非历史的东西，而历史的东西则被看成某种脱离日常生活的东西，某种处于世界之外和超乎世界之上的东西。这样就把人对自然界的关系从历史中排除出去了，因而造成了自然界和历史之间的对立。"①在这种理论中，历史是根据精神、意识、观念的需要来安排和编纂的，历史遵循着一些与人无关的规律，只要用知性概念把握那些隐蔽的力量，历史之谜就可以清楚无误地显示在我们眼前。在这种历史观中，虽然历史也是运动和变迁的，但是由于我们用知性范畴把握那些支配历史运演的力量，因而历史本身包括它的运演也是通过知性概念来理解和阐释的。由于知性概念根本无法显现社会历史的动态性，我们得出的仅仅是一种抽象的历史理论。用知识论的立场来分析和理解历史，历史肯定在分析中被割裂了，由于不能真正理解历史的本质，为了把历史串联起来成为一个整体，只能借助于超验的力量或者抽象的逻辑，而真正的历史已经被理论本身所遗忘了。所以马克思说："如果这些理论家们一旦着手探讨真正的历史主题，例如18世纪，那么他们也只是提供观念的历史，这种历史是和构成这些观念的基础的事实和实际发展过程脱离的。"② 它是一种非历史，即是一种消除了历史性的历史。

马克思通过对传统理论的批判，深刻地指出必须要把历史性和价值性还给历史本身，而这只有把历史的本质理解为人的实践才能

---

① 马克思，恩格斯. 马克思恩格斯选集：1 卷［M］. 北京：人民出版社，1995：93.

② 马克思，恩格斯. 马克思恩格斯选集：1 卷［M］. 北京：人民出版社，1995：95.

做到。"人们自己创造自己的历史，但是他们并不是随心所欲地创造，并不是在他们自己选定的条件下创造，而是在直接碰到的、既定的、从过去继承下来的条件下创造。"① 这句话不但揭示了历史的历史性，而且揭示了历史本身所必然具有的伦理价值性，而这两种特性都与人及其实践有关，因为实践是人自觉从事的创造价值的活动，正是人的实践，使历史作为人本质力量的对象化的产物具有历史性和伦理价值的色彩。因此马克思已经自觉变革了对历史的理解，不再用一种知识论的视角理解历史了。

正因为马克思认识到历史的历史性和伦理价值性，所以他批判资产阶级把资本主义社会的一切永恒化的做法，他说："你们的利己观念使你们把自己的生产关系和所有制关系从历史的、在生产过程中是暂时的关系变成永恒的自然规律和理性规律，这种利己观念是你们和一切灭亡了的统治阶级所共有的。"② 一旦历史遵照永恒的规律，历史本身也就消亡了。在马克思看来，社会历史永远是一个动态的过程，一个不断超越自身的过程，不可能有一个终极的目标，也不可能达到一个终极的状态。马克思倡导的共产主义也是一个动态的过程，因为"共产主义对我们来说不是应当确立的状况，不是现实应当与之相适应的理想。我们所称为共产主义的是那种消灭现存状况的现实的运动"③。"实际上，而且对实践的唯物主义者即共

① 马克思，恩格斯. 马克思恩格斯选集：1 卷［M］. 北京：人民出版社，1995：585.

② 马克思，恩格斯. 马克思恩格斯选集：1 卷［M］. 北京：人民出版社，1995：289.

③ 马克思，恩格斯. 马克思恩格斯选集：1 卷［M］. 北京：人民出版社，1995：87.

产主义者来说，全部问题都在于使现存世界革命化，实际地反对并改变现存事物。"① 社会历史不过是人实践活动的产物，而人的实践是一种有意识的活动，它贯穿了人的目的性和价值性，因而社会历史的产生和运演也具有一种伦理价值的特征。而且马克思哲学的理论旨趣就是要把人的世界还给人本身，不断扩展人自由和解放的可能性空间，这就使得马克思的理论内在地具有一种人文关怀的维度。

综上所述，我们认为马克思由于破除了形而上学思维方式的束缚，以一种实践观点的思维方式去理解一切现实、事物、历史。

（二）马克思进步观念的变革性

如果马克思实现了思维方式的转换，变革了对社会历史的理解，那么落实到进步观念上，马克思的理解会有什么变化呢？

可以确定的是，马克思和当时很多思想家一样，对进步观念是持一种肯定态度的。这一方面是由马克思所生活的时代决定的。因为"19 世纪是一个'进步'的世纪。'对历史作总的思考'，建构社会历史观，把'普遍的历史'理解为一个由先后相继的阶段、时期构成的从低级到高级的发展过程，是历史思想的主流。当时的人们深深为杜尔果、孔多塞、圣西门、孔德、康德、黑格尔等思想家创立的，坚信历史处于不断进步过程中的理论所感染。马克思和恩格斯也不例外"②。从这一点，我们也能理解为什么索雷尔要把进步观念作为近代资本主义社会和资产阶级的一种意识形态来批判了，因

---

① 马克思，恩格斯. 马克思恩格斯选集：1 卷 ［M］. 北京：人民出版社，1995：75.

② 姚军毅. 论进步观念 ［M］. 北京：中国社会科学出版社，2000：218.

为这一观念对于当时的绝大多数人而言，已经是思考人类历史的一个不言而喻和不证自明的前提。另一方面是由于马克思力图建构的历史观本身就是关于人类历史整体运演的理论。当马克思把人类历史的过程看作一个整体来考察，并提出人类社会发展的五个阶段的时候，人类历史在马克思那里就是一个不断上升和进步的过程。埃蒂安·巴利巴尔说："我们应该首先确定，马克思主义作为群众理论、群众运动和群众'信仰'，在进步史观的社会历史中占有重要地位。如果说一直到我们时代的晚些时候，除了或多或少有些影响的学说之外（并且谁又能说它们今天已经不复存在了呢?），还产生了类似于进步的集体'神话'的某种事物，那么这主要归功于马克思。正是他提出了'底层人民'在历史的发展中起着积极的作用，他们在推动自身进步的同时，也推动着历史向前发展。如果进步观包含着的不只是一种希望（一种预先确定性），那么这种理论对他来说是必不可少的，抛开它不谈，人们将无从理解 20 世纪的历史。"[①] 也就是说，马克思关于历史的论述中内在地蕴含了一种信念，即人类历史是一个不断进步的过程，他也力图推动这种进步的实现。可以说，在进步观念的发展史上，马克思是一个不可忽略的思想家。

我们已经分析了，由于实践观点思维方式的提出，马克思变革了学界对社会历史的理解，使其内在的实践性和伦理价值性得到了显现。而且我们可以看到，马克思经常用到的一些重要观念，比如，异化、社会、实践、自由、解放、革命等，都不是一个纯粹中性的观念。都内在地蕴含了他对资本主义社会中人生存状况的一种评价

---

① 〔法〕埃蒂安·巴利巴尔. 马克思的哲学〔M〕. 王吉会，译. 北京：中国人民大学出版社，2007：122.

和批判，彰显了马克思对人类未来生活的一种伦理价值的维度，而且这两个方面通常是结合在一起的。正是因为有些观念蕴含了马克思对人类未来的一种美好期待，所以他才会对现存的资本主义的思维方式和生活方式用一些蕴含着批判性的观念来指代，或者反过来说也是可以的。

马克思对"资本主义""社会主义"和"共产主义"这些概念的使用也不是中性的。"资本主义"这一概念自身就蕴含着马克思对它的一种批判，即一方面通过资本和商品，人们获得了独立性，但是这种独立性是以资本和商品为中介的独立性，因而还不是真正的独立性。而且"资本主义"就是资本取得统治地位的一种社会形态，在这里一切都要被资本衡量和评价，资本成了最终的尺度。在这样一个资本统治的社会里，"一切固定的僵化的关系以及与之相适应的素被尊崇的观念和见解都被消除了，一切新形成的关系等不到固定就陈旧了。一切等级的和固定的东西都烟消云散了，一切神圣的东西都被亵渎了。"① 但是资本的统治地位却从未被动摇过，人们受资本逻辑的束缚也越来越明显和严重。也正因为如此，马克思认为无产阶级和资产阶级在资本的统治下都处于一种异化状态，都丧失了自己的尊严，而没有过上一种真正的人的生活。所以"资本主义"在马克思那里本身就意味着是一个要批判和超越的对象。至于"社会主义"这里的"社会"一词按照马克思的理解，就是要恢复人与人之间那种平等和自由的关系，人与人之间不再是相互对立，而是相互融洽的关系，只有这样，才有一种真正的类生活，人才能重新

① 马克思，恩格斯. 马克思恩格斯选集：1 卷［M］. 北京：人民出版社，1995：275.

占有类本质。因此"社会主义"本身就意味着一种与资本主义完全不同的生存状态，是对资本主义的一种批判和超越。"共产主义"所具有的理想色彩和超越维度就更为浓厚了，它是马克思在对人类历史进行科学考察基础上的理性设定，是比社会主义更高阶段的状态。进入共产主义，就意味着我们从必然的王国进入了自由的王国，在这一王国中，每一个人都取得了真正的独立性，在这里每一个人的自由是一切人自由实现的前提和条件。所以共产主义更是蕴含着马克思对人未来发展的一种价值关怀。

　　马克思对进步观念又是如何理解呢？马克思的理论是在西方思想传统的影响之下形成的，所以不可否认他在某种程度上，也会把进步观念当作关于人类历史运演的法则和规律来看待，但是即便如此，马克思的进步观念还是与西方传统的进步观念有内在区别的，他本人对西方传统的进步观念的内在缺陷有比较清醒的认识，也对此提出了一些批评和修正。例如，他不认为历史是一种线性进步的，而认为任何一种进步本身就意味着退步，更为可贵的是"马克思1877年在他对米海洛夫斯基的著名答复中，批评了那种'把我关于西欧资本主义起源的历史概述彻底变成一般发展道路的历史哲学理论'的做法。在1881年给查苏利奇一封信的草稿中，马克思谈到了俄国可能免于资本主义痛苦的问题，认为俄国传统的农村公社能够由于俄国的革命而成为社会主义发展的起点。这与1853年有关印度的著作中的进化论和决定论的论证相比已经很远了"。从这里可以看出，马克思已经开始根据现实的历史经验对自己早期的理论进行一些修正。丹尼尔·本萨义德也认为："人们可以在马克思那里发现'自然科学模式（自然进程不可抗拒）影响和开放的历史辩证逻辑之间未解决的矛盾'。"① 把进步观念当作稳定法则和客观规律来理解是受制于自然科学模式的影响，马克思已经自觉地开始修正这一点了。如果我们还是把马克思的进步观念作为稳定法则和客观规律来理解，即便是一种与人的实践活动密切关联的法则，还是受制于自然科学的模式，那么我们就忽视了马克思对自己理论的一种反思和批判。

勒维认为，我们可以在马克思的思想中发现另一种性质是进步观念。"这种进步辩证法是批判的、非目的论的，而且本质上是开放的。它认为历史同时既是进步又是灾难，既不会偏袒这一方也不会偏袒那一方，因为历史进程的结果不是先定的。弗里德里克·詹姆逊对《共产党宣言》的评论很好地表现了这种方法，'马克思强烈要求我们去做不可能的事，就是说，同时积极地和消极地思考资本主义发展；换句话说，就是在同一个思想中既理解资本主义明显的有害性，又理解资本主义不同寻常的具有解放作用的活力，而同时两个判断的力度都不减轻。我们在某种程度上使我们的思想作这样的理解：资本主义在人类历史上既是最好的事物，又是最坏的事物'。"②

与传统进步观念的先验性和封闭性不同，马克思的进步观念是体现在改造旧世界中的，它要在实际地改变或批判旧世界中显现进步，它不是一种决定论的观点，也不是一个从先验原则出发的观点，

---

① 〔法〕米歇尔·勒维. 马克思的两种历史进步观：封闭的与开放的〔J〕. 思再，译. 国外理论动态，2001（4）：17.

② 〔法〕米歇尔·勒维. 马克思的两种历史进步观：封闭的与开放的〔J〕. 思再，译. 国外理论动态，2001（4）：16.

而是在批判旧世界中那种统治着现实世界的抽象力量，它是一种实践活动的结果，因而马克思的进步观念在本质上是开放的而非封闭的。

马克思一方面称赞说："资产阶级在它的不到一百年的阶级统治中所创造的生产力，比过去一切世代创造的全部生产力还要多，还要大。"一句话，资产阶级"把一切民族甚至最野蛮的民族都卷到文明中来了"。① 因此马克思把资产阶级的统治和资本主义制度的确立看作人类历史上的一次伟大进步。不过他也看出了这种进步自身所存在的问题，看出了资产阶级统治给人类社会所带来的灾难，"资产阶级在它已经取得了统治的地方把一切封建的、宗法的和田园诗般的关系都破坏了。它无情地斩断了把人们束缚于天然尊长的形形色色的封建羁绊，它使人和人之间除了赤裸裸的利害关系，除了冷酷无情的'现金交易'，就再也没有任何别的联系了。它把宗教虔诚、骑士热忱、小市民伤感的神圣发作，淹没在利己主义打算的冰水之中。它把人的尊严变成了交换价值，用一种没有良心的贸易自由代替了无数特许的和自力挣得的自由。总而言之，它用公开的、无耻的、直接的、露骨的剥削代替了由宗教幻想和政治幻想掩盖着的剥削"。② 也就是说，虽然资产阶级的统治相对于封建阶级的统治是一种进步，然而在这种统治之下，人们所受的剥削更加严重，所陷入的异化状态也更加可怕。马克思在《资本论》中也有这样的表述。

---

① 马克思，恩格斯. 马克思恩格斯选集：1 卷［M］. 北京：人民出版社，1995：276－277.

② 马克思，恩格斯. 马克思恩格斯选集：1 卷［M］. 北京：人民出版社，1995：274－275.

例如，他认为"每一个经济进步同时是一个社会灾难"。资本主义虽然促进了经济的发展，但它是以工人阶级进一步被奴役和剥削为前提的，而且这种大生产也打破了自然界的生态平衡，"资本主义生产使它汇集在各大中心的城市人口越来越占优势，……同时就破坏城市工人的身体健康和农村工人的精神生活。……此外，资本主义农业的任何进步，都不仅是掠夺土地的技巧的进步，在一定时期内提高土地肥力的任何进步，同时也是破坏土地肥力持久源泉的进步。……因此，资本主义生产发展了社会生产过程的技术和结合，只是由于它同时破坏了一切财富的源泉——土地和工人"①。

勒维认为马克思的进步观与传统进步观不同的地方，就在于马克思所理解的人类历史进步是开放的、非线性的，每一次进步同时都包含内在的灾难。他说："在这个历史唯物主义批判性变体的框架里，与线性进步观相反，现代资产阶级文明与前资本主义社会相比，被看作既是进步又是倒退。"此时马克思的进步观就不再是封闭的、单向的和纯粹的，而是开放和复杂的进步观。"这里的关键是历史进步的开放性问题。在开放性的历史进步里，历史进程的结果并非由不可逆转的进步（'生产力的发展'）这一向度预先决定的。正是这种开放性使得我们无法定义资本主义进步的最终性质：它是人类历史上'最坏的'还是'最好的'；是大灾难的前奏还是'伟大社会革命'的前奏。换句话说，应当将历史发展看作这样的进程：历史

---

① 马克思，恩格斯. 马克思恩格斯全集：23卷［M］. 北京：人民出版社，1972：552－553.

进程'充满了曲折和歧路，充满了分叉和交汇'。"① 根据勒维的理解，马克思的进步观念与那种线性的、单向的和决定论的进步观念已经有很大区别了，它为人的实践争取了更多的可能性空间。

马克思认为历史不过是人实践活动的总和而已，历史是由人创造的。在某种程度上，人是历史的主人，因为"'历史'并不是把人当作达到自己目的的工具来利用的某种特殊的人格。历史只不过是追求着自己目的的人的活动而已"②。在他看来，"历史不外是各个世代的依次交替。每一代都利用以前各代遗留下来的材料、资金和生产力；由于这个缘故，每一代一方面在完全改变了的环境下继续从事所继承的活动，另一方面又通过完全改变了的活动来变更旧的环境"③。当代人的历史实践受制于前人的实践结果，同时又制约后人的实践活动。也就是说，并没有一只隐蔽的手在操纵着人的实践活动和历史走向，有的就是实践活动本身及其依次交替。人的实践活动虽然不是随心所欲的，但也不受一种必然性的法则支配，实践中充满了可能性和偶然性，正是这些不可消除的因素的存在，才使得历史展现出一幅多彩的画面，这些都是在人们的实践活动中创生的，不是受天意和规律的支配而必然存在的。所以马克思理解的进步也不是那种与人的实践无关的客观规律和法则，而是现实的人的实践过程及其结果，因而不是作为认知概念来理解的。

---

① 〔法〕米歇尔·勒维. 马克思的两种历史进步观：封闭的与开放的 [J]. 思再，译. 国外理论动态，2001（4）：17.
② 马克思，恩格斯. 马克思恩格斯全集：2 卷 [M]. 北京：人民出版社，2005：118.
③ 马克思，恩格斯. 马克思恩格斯选集：1 卷 [M]. 北京：人民出版社，1995：88.

　　另外在马克思看来，人类历史也不是必然趋向于一个终极目的的。认为人类历史必然趋向于一个目的，不管这一目的是什么，在他看来这都是值得批判的。马克思深刻地指出，在那种规定人类历史必然趋向于一个目的的历史观中，"事情被思辨地扭曲成这样：好像后期历史是前期历史的目的，例如，好像美洲的发现的根本目的就是要促使法国大革命的爆发。于是历史便具有了自己特殊的目的并成为某个与'其他人物'（像'自我意识''批判''唯一者'等）'并列的人物'。其实，前期历史的'使命''目的''萌芽''观念'等词所表示的东西，终究不过是从后期中得到的抽象，不过是从前期历史对后期历史发生的积极影响中得出的抽象"①。如果以此观点来看，近代确立的进步观也是马克思批判的对象，因为它所谓的历史是一个不断进步的过程，只不过是从前期历史对后期历史的积极影响的方面得出的一种观点，如果要是从消极的方面来推理的话，那么历史衰退论也是有其理论根据的。根据马克思的观点，我们并不能把后期历史看作前期历史的目的，那么一种知识论的进步观就是不可能成立的。

　　而且在《共产党宣言》中马克思和恩格斯开篇就表明，"至今一切社会的历史都是阶级斗争的历史。……而每一次斗争的结局都是整个社会受到革命改造或者斗争的各阶级同归于尽"②。如果将这一观点进行解读的话，那就是说阶级斗争有可能存在这样一种结果，

---

① 马克思，恩格斯.马克思恩格斯选集：1 卷［M］.北京：人民出版社，1995：88.

② 马克思，恩格斯.马克思恩格斯选集：1 卷［M］.北京：人民出版社，1995：272.

即两个阶级同时灭亡，那么我们就不可以说一个阶级必然会取代另一阶级，社会形态的转化也就不是一种必然如此的样式。所以在马克思那里，历史并不是必然如此的，而是具有可能性的和开放性的，历史的结局并不必然受制于生产方式的决定。我们可以看出，在马克思那里，历史是充满着可能性和偶然性的，历史不是必然趋向于某一目标的过程，我们不能用后期历史来论证前期历史的合理性，也不能仅仅从前期历史对后期历史的积极影响中把后期历史当作前期历史的一个目的。因此，我们不能把人类经验历史的演变看作一个必然进步的过程，不能从认知概念的解释原则来理解进步。

马克思的进步观念不是从某种先验原则出发的，而是植根于人的实践活动，因而在解释原则上就不同于传统的进步观念。在马克思那里，进步是在历史条件下，不断地破除那些统治着人们思想和现实的抽象原则，不断地在批判旧世界中发现新世界。用实践的观点来看，进步是一个开放的过程，贯彻了批判性和革命性，不能达到终极的状态。以认知概念的解释原则来理解进步观念，是一种从先验原则出发来理解的进步，进步在根本上是一种原则优先和本质优先的先验观念。马克思通过实践观点的思维方式，赋予进步观念历史性和实践性的特征，就破除和超越了上述的缺陷。我们已经分析过，人的实践内在地具有一种伦理价值的维度，因此赋予进步观念实践性，就是赋予进步观念一种伦理价值的倾向，况且在马克思那里，进步是不断地实现着人自由和解放的原则，而对人自由和解放的追求肯定具有伦理价值的维度。

综上所述，我们认为马克思对进步观念的理解实现了解释原则的转换，即从一种伦理理念的解释原则来理解和阐释进步。从伦理理念的解释原则来理解马克思的进步观念，进步就表现在人自由和解放的可能性空间得到不断的拓展，从而进步不再是一种抽象的概念，无法从一种先验原则来规定和限制，而是一种历史性的原则，要在人的实践活动中不断地得到显现。

三、马克思进步观念变革性的意义和价值

马克思用伦理理念的解释原则来理解进步观念具有重大的意义，一方面使得我们对进步观念有了一种新的理解，从而可以避免和回复现当代思想家对马克思的历史观及其进步观念的批判；另一方面，马克思从伦理理念的解释原则来理解进步观念，将会为人的生存和发展提供一种超越精神，引导着人不断地去追求解放和自由。

（一）对进步观念合法性的辩护

我们在前文专门梳理和分析了现当代思想家对进步作为认知概念的批判，当马克思从伦理理念的解释原则来理解进步观念时，他其实认同了现当代思想家对传统进步观念的一些批判，但马克思的深刻之处在于他提出了另一种性质的进步观念，而这正是很多思想家所遗忘的。在某种程度上，通过解释原则的转换，马克思为他的历史观和进步观念进行了辩护。

一旦从伦理理念的原则来理解和阐释进步观念，将会使马克思的历史观重新焕发活力。通过这种理解，马克思关于历史的阐述就不是一种决定论的观点，而是充分彰显了人实践的能动性和创造性，

赋予历史更多的偶然性和可能性。如果我们从认知概念的立场来理解和阐释马克思的进步观念，即便强调进步观念是与人类实践密切关联的，是在人类实践中显现出来的，甚至还可以把它弱化为历史发展的趋势而不是规律，但我们依然无法否认进步观念在人类历史中的必然性，即历史是一个不断进步的过程，虽然其间会发生一些波折和倒退，但总体上来说是进步的。这样的话，我们的辩护也就只能把这种原来与人的实践活动无关的稳定法则和客观规律内化和弱化，即内化于人的实践活动之中，弱化为一种历史趋势，而无法超出这一界限。

只要还从知识论的立场来理解马克思的进步观念，即便我们可以找出它与传统进步观念的很多差别，依然躲不过现当代思想家加之于进步观念的一些指责。因为只要是认知概念，它都要求自身是关于对象的规定性知识，把自身当作科学的而非思辨的产物。这里的进步观念不是具体规定某一直观经验对象的，而是要规定人类历史整体，并成为一种知识。因此我们认为，只有用伦理理念的解释原则来理解，马克思的进步观念才有可能回复现当代思想家的批判，发挥自身的积极影响。

从伦理理念的解释原则来理解进步，显示了马克思进步观念具有的创造性和革命性。马克思不认为进步是人类历史的稳定法则和客观规律，历史作为人类实践的产物，充满了可能性和偶然性，只有这样人才能成为历史的主人，才能不断地去创造历史。我们认为，马克思的进步观念可以看成他理解和阐释人类历史的一个理念，它为马克思反思人类历史整体提供了一种理论视角，也为马克思对人类社会及其历史的思考提供了一个平台。在这些方面，我们认为马克思的进步观念无论对于马克思本人的理论建构，还是对于后来信仰马克思历史观的人都是极为重要的。

如果我们还把马克思的进步观念当作一种知性概念，当作是在人类历史运演中必然显现出的一条法则，那么，我们不仅没有在实质上区分马克思的进步观念与传统进步观念，也没有达到为马克思进步观念辩护的目的。我们只有转变解释原则，用伦理理念的解释原则来理解马克思的进步观念，才能真正回复现当代思想家对进步观念所做的种种批判。也只有这样，马克思的进步观念作为开放的理论才不至于重新变为一种僵化的教条，被人批判为一种历史决定论。因为，作为伦理理念的进步，只是我们反思和理解人类历史整体的一个指导线索，只能调节我们的思维和实践，自身并不具有客观性和必然性。

如果用伦理理念的解释原则来理解马克思的进步观念是可以为之辩护的话，那么进步观念本身就是可以辩护的。我们认为现当代思想家的批判指向的对象是作为认知概念的进步，在这方面他们的批判是深刻的，然而他们要完全消解进步观念则过于极端了。他们没有看到，进步观念因其所蕴含的伦理价值性，一直影响着我们的实践活动，这是无法消除的，他们也没有意识到存在一种作为伦理理念的进步。如果我们把进步作为一种伦理理念来理解，则可以走出进步观念面临的困境。因为我们在理论上批判的，是作为认知概念来理解的进步；在实践活动中无法消解的，则是作为伦理理念来理解的进步。

总之，通过解释原则的转换，我们不仅可以为马克思的进步观念进行有效的辩护，使之继续引导我们的理论认识和实践活动，而且可以为进步观念本身的合法性进行辩护，可以在现当代思想家的批判和消解声音不绝于耳之时为进步观念寻找立足的根据，使进步观念作为大观念依然可以在人们的理论思维和实践活动中发挥积极的影响。

（二）进步观念的当代价值

传统思想家把进步观念当作认知概念来理解，在某种程度上导致了"进步观念之死"，因为这种理解使进步观念的精神窒息了，进步观念变成了一种僵化的教条，完全扼杀了人的自由性和创造性。传统思想家不理解，进步观念的生命力在于它的精神，即不断地批判旧世界发现新世界。马克思从伦理理念的解释原则来理解进步观念，就是要使它的精神复归于其自身，此时进步观念是一种不在场的在场，是人的一种永恒的希望，它引导着人不断地去追求和向往一种希望，不断地去推进人的解放和自由，拓展人的生存空间。

现当代很多思想家没有意识到，对于人类生活而言，一种进步的信念还是极为必要的，它不但可以使我们对人类历史的未来存有一份信心，也可以为我们理解历史提供一种独特的视角，并且对人类的实践发挥积极的影响。这也是为什么英国历史学家卡尔虽然反对传统进步观念，但依然认为进步观念对于人类而言是一个不可或缺的观念。他说："因此，我返回到阿克顿的结论上，他把进步描述为'历史据以编撰的科学假设'。假如你愿意的话，你可以使过去的意义依附于某些外在于历史的力量或超理性的力量，从而把历史变为神学。假如你愿意的话，你可以把历史变为文学——毫无意义的、毫无重要性的有关过去的故事、传说的汇集。可以恰当地称之为历史的只能是在历史自身中找到一种方向感并接受这种方向感的人写就的。我们自何处来的信念与我们正向何处去的信念紧密相联。一个已经失去自信自身有能力在未来社会中取得进步的社会，也会很快就不再关注自身在过去取得的进步。这就像我在第一讲中开头就讲的，我们的历史观反映我们的社会观。现在我返回到我的起点，宣示我对社会未来的信心，对历史未来的信心。"① 在他看来，对人类历史进步的信念对于我们而言是不可或缺的，但也仅仅是一种信念，而不能再把进步当作稳定法则和客观规律。这一点美国历史学家伊格尔斯也进行了深刻的分析，他认为"虽然作为一个普遍观念，进步观念似乎是无效的。然而在特定范围内，人们的行动能够创造更为合理的条件，这个信念仍然存在理性的基础"。也就是说，在人们实践活动中，一种进步的信念是极为必要的，但是我们必须要对进步观念进行限制，"我们必须坦率承认，作为历史运动的科学解释，进步观念是站不住脚的"②。也就是说，作为认识概念的进步是必须要抵制的，但是作为伦理理念的进步则是我们不能拒斥的。

马克思持有一种进步的信念，但他批判传统进步观念，力图对人类历史及进步观念提出一种新的阐释，即从一种伦理理念的解释原则来理解进步，这样马克思也就跳出知识论的立场，给予了人类历史更大的可能性空间。在马克思那里，进步观念不再是一种具有规定性的蓝图，而是一种具有超越性和批判性的精神，这种精神本

① 〔英〕E. H. 卡尔. 历史是什么？〔M〕. 陈恒，译. 北京：商务印书馆，2007：236－237.

② 〔美〕G. G. 伊格尔斯. 重新审视历史进步观念〔J〕. 山东社会科学，张文涛，译. 2009（02）：20.

身就是对先验原则的拒斥，是对想象力的复活。进步观念所具有的这种精神是和人自身所具有的超越性相符合的，它不但可以防止我们沉溺于当下，而且可以帮助我们追求人的自由和解放。

因此我们认为，马克思的进步观念或者说作为伦理理念的进步，在当代人的生存中依然发挥着重大的和积极性的影响，它为人的生存和发展提供一种信念和精神，促使人们不断地拓展自己的生存空间，不断地开发自己的创造力和想象力，并用这种创造力和想象力去追寻更多的可能性，真正地展现人的"生存"本性。

结　语

　　在本书中，首先，我们分析了进步观念在当代面临的一个困境，即一方面现当代思想家对之进行了极为深刻的批判，试图要消解这一观念；另一方面在我们的生活实践中，进步观念依然发挥着巨大的和积极的影响。如何解释和解决这一问题将是本书立论的一个基本出发点。其次，我们试图对理解和阐释进步观念的原则进行区分和划界，进步观念有两种不同的解释原则，即认知概念的解释原则和伦理理念的解释原则。进步观念用不同的解释原则来理解，性质会截然不同。用认知概念的原则来理解和阐释，进步观念就是关于历史整体的一种规定性的知识，它揭示历史自身所具有的一种属性，此时观念的正确与否是可以通过经验验证的，在某种程度上我们可以说此时观念有真假之分。而用伦理理念的原则来理解和阐释，进步观念就是另外一种情况，此时它并不是关于历史的规定性的知识，而只是我们为了更好地理解和阐释历史，通过反思历史整体而给予自身的一种理念。它只是为我们理解历史提供一种理论的出发点，并没有给予历史任何规定性，即我们不能把它赋予历史自身，也不能认为它揭示了历史自身所具有的内在属性。也就是说，用认知概念作为解释原则来理解的进步和用伦理理念作为解释原则来理解的进步是两种性质极为不同的观念，不能相互混淆，更不能相互等同，必须严格区分。

我们认为进步观念虽然有两种不同的解释原则，但是并不意味着它从这两种解释原则来理解都是合适的。我们对此要进行区分和划界，把进步观念放在适合的解释原则下进行理解和阐释，这样才能维护进步观念自身的合法性。我们认为，进步观念作为关于人类历史运演的一个大观念，只有用伦理理念的解释原则理解和阐释才具有合法性，才能消除因被误解而带来的消极性。因为只有这样理解进步观念，才能解释和解决进步观念面临的困境。近代人肯定和确立的进步观念，在很大程度上是用认知概念的解释原则来理解和阐释的，即把进步观念当作人类历史运演的稳定法则和客观规律，当作在人类历史运演过程中必然显现出来的一种属性。这种对进步观念错误的理解，是一种解释原则混淆的结果，即把本来应该用伦理理念的解释原则来理解的进步用认知概念的解释原则来理解了，这就必然带来很多消极性的因素和后果，从而损害进步观念本身的声誉，使得进步观念成为现当代思想家批判的对象。但是现当代思想家没有意识到作为伦理理念的进步观念的合法性，因此他们要完全消除进步观念的态度就是值得商榷的。而且他们无法解释为什么我们在理论上虽然对进步观念进行了批判，在实践活动中却依然受进步信念的影响，这种影响不但是有益的也是很难消除的。我们认为只有转换理解进步观念的解释原则，才能揭示和解决这一困境，即我们在理论上批判的是用认知概念的解释原则来理解的进步，而在实践中我们是被一种伦理理念的进步所支持和鼓励的。同样对马克思的进步观念我们也可以这样理解和辩护，并且能在马克思的思想文本中找到一些依据，以此证明我们的阐释并不是无稽之谈。而且我们认为，只有转换进步观念的解释原则才能真正达到为马克思进步观念辩护的理论目标，只要我们还把马克思的进步观念放在知识论的领域内，用认知概念的解释原则来理解和阐释，那么不管我们对之做出怎样的内化和弱化，始终无法真正摆脱现当代思想家对进步观念的批判，因为他们的批判不是针对某些时代或某些思想家对进步观念的理解，而是针对认知概念这一解释原则下的进步观念。

　　本书与此前国内学者考察进步观念的不同之处在于，不是继续立足于知识论的立场来理解进步观念，而是通过转换解释原则的方式来重新理解和阐释进步观念。我们一方面充分肯定现当代思想家对进步观念所做的那些深刻批判，另一方面又通过解释原则的转换来分析他们对进步观念态度的极端性，并对此做出理论上的回应，为另一种性质的进步观念进行辩护。我们所拯救出来的进步观念，包括马克思的进步观念已经不再是知识论意义上的观念，它不再是关于人类历史运演的稳定法则和客观规律。我们认为人类历史的运演并不必然地显示出一种不断进步的趋势，进步在此仅仅是我们理性通过反思历史整体得出的一种理念，而且是具有伦理价值性的理念，它只是为我们理解人类历史提供一种理论视界，在此视界内我们可以对历史有另一种理解和阐释，但进步并不是历史本身所必然具有的一种属性，无法被当作关于人类历史的客观知识。而且我们认为，如果进步观念还被当作关于人类历史的一种规定性的知识，就根本无法解释和解决进步观念面临的困境。因此对于本书而言，最为重要的就是区分进步观念的两种不同解释原则，并认为进步观念只有放在伦理理念的解释原则下来理解才具有自身的合法性，而用认知概念的解释原则来理解和阐释进步观念，则是一种解释原则的混淆，会带来很多消极性的后果。

本书对进步观念的理解在很大程度上是根据康德的理论来展开的，算是对康德历史理论的一种应用和延伸。康德虽然把人类历史当作一个不断进步的过程来理解，但是他明确地把这种理解界定为一种主观的理解，把人类历史看作一个主观的合目的性的过程。他认为我们只有借助于那些关于历史的一般性的理念，才能对历史形成一种系统的理论，然而那些理念并不是关于历史的规定性的知识，而不过是关于历史的一般性的理念，它们仅仅是帮助我们理解历史。在这一点上，我们认为康德是极为深刻的，他深刻地意识到我们的观念，有些是可以作为规定性的知识来理解，有些却只能作为反思性的理念来看待，虽然这两种观念于我们而言都是极为重要的，然而性质却极为不同。康德一直强调绝对不能把这两种不同的东西混淆，即不能把关于历史的一般性的理念当作知识来理解和应用，只有对此有一个清晰的界限，我们才有可能使思维和实践各得其所，不至于因为思维的混乱而引起实践的混乱。这与很多学者把历史看作一个客观的合目的过程是有很大不同的，一旦把历史看作一个客观的合目的过程，那么我们关于人类历史的观念在很大程度上就被认为是规定性的知识，而非一般性的理念。

对进步观念的两种解释原则进行区分和界定，有利于厘清和限定我们对进步观念的理解，也有利于把它放在合适的解释原则下来阐释。我们这里强调的是对进步观念的考察，认为传统进步观念在很大程度上是一种解释原则的误用，即本来应该用伦理理念的解释原则来理解，却被换为用认知概念的解释原则来阐释。也就是说，进步观念本来应该是关于人类历史的一般性的理念，后来却经常被当作关于人类历史的稳定法则和客观规律。这样一来，通过解释原则的转换，进步观念的内涵及其性质发生了根本的变化，从而导致后来一系列问题的出现。我们必须要清醒地意识到，在对进步观念理解的过程中，解释原则的混淆会带来极为严重的后果，它不但会对我们的理论思维和实践活动造成消极的后果，而且会从根本上对进步观念本身的声誉造成很坏的影响。

在观念史上，因为解释原则的混淆，受损害的不仅仅是进步观念，还有很多其他的观念。我们区分进步观念两种解释原则的界限，并不是说能完全消除解释原则的混用，而只是希望通过一种区分，使得我们在理解和使用这些原则的时候，能够更加谨慎，能够意识到解释原则一旦发生混用，就会出现严重的后果。

最后，我们对两种解释原则的区分和界定，在本书中虽然是为了拯救进步观念，但是也可以为理解其他重大观念提供一个思路，从而解决那些观念面临的问题，发挥它们的积极性，从而提高我们的理论水平和实践效果。只是限于本书的理论目标，这些工作都只能放在以后来做，但是我们相信，对一些观念进行重新地区分和界定是极为必要和有用的。

参考文献

专著

[1] 马克思，恩格斯. 马克思恩格斯选集（1—4卷）［M］. 北京：中国人民出版社，1995.

[2] 马克思，恩格斯. 马克思恩格斯全集：2卷［M］. 北京：人民出版社，2005.

[3] 马克思，恩格斯. 马克思恩格斯全集：23卷［M］. 北京：人民出版社，1972.

[4] 马克思. 1844年经济学哲学手稿［M］. 北京：中国人民出版社，2000.

[5] 列宁. 哲学笔记［M］. 北京：人民出版社，1960.

[6]〔德〕康德. 判断力批判［M］. 邓晓芒，译. 北京：人民出版社，2002.

[7]〔德〕康德：历史理性批判文集［M］. 何兆武，译. 北京：商务印书馆，1990.

[8]〔德〕康德. 纯粹理性批判［M］. 邓晓芒，译. 北京：人

民出版社，2004.

[9]〔德〕黑格尔. 历史哲学［M］. 王造时，译. 上海：上海书店出版社，2006.

[10]〔德〕黑格尔. 小逻辑［M］. 贺麟，译. 北京：商务印书馆，1980.

[11]〔英〕约翰·伯瑞. 进步的观念［M］. 范祥涛，译. 上海：上海三联书店，2005.

[12]〔法〕乔治·索雷尔. 进步的幻象［M］. 吕文江，译. 上海：上海人民出版社，2003.

[13]〔法〕孔多塞. 人类精神进步史表纲要［M］. 何兆武，译. 北京：生活·读书·新知三联书店，1998.

[14]〔美〕拉瑞·劳丹. 进步及其问题［M］. 刘新民，译. 北京：华夏出版社，1999.

[15]〔美〕莫提默·J. 艾德勒·六大观念［M］. 陈珠泉，杨建国，译. 北京：团结出版社，1989.

[16]〔德〕卡尔·曼海姆. 意识形态与乌托邦［M］. 黎鸣，译. 北京：商务印书馆，2000.

[17]〔德〕于尔根·哈贝马斯. 现代性的哲学话语［M］. 曹卫东，译. 上海：译林出版社，2004.

[18]〔德〕海德格尔. 存在与时间［M］. 陈嘉映，王庆节，译. 北京：生活·读书·新知三联书店，2006.

[19]〔德〕德里达. 马克思的幽灵［M］. 何一，译. 北京：中国人民大学出版社，2000.

[20]〔德〕阿多尔诺. 否定的辩证法［M］. 张峰，译. 重庆：

重庆出版社，1993.

[21]〔法〕埃蒂安·巴利巴尔.马克思的哲学［M］.王吉会，译.北京：中国人民大学出版社，2007.

[22]〔英〕以赛亚·伯林.自由论［M］.胡传胜，译.南京：译林出版社，2003.

[23]〔英〕以赛亚·伯林.反潮流：观念史论文集［M］.冯克利，译.上海：译林出版社，2002.

[24]〔美〕理查德·罗蒂.哲学和自然之镜［M］.李幼蒸，译.北京：商务印书馆，2003.

[25]〔美〕理查德·罗蒂.偶然、反讽与团结［M］.徐文瑞，译.北京：商务印书馆，2003.

[26]〔英〕柯林伍德.历史的观念［M］.何兆武，张文杰，译.北京：商务印书馆，1997.

[27]〔英〕E.H.卡尔.历史是什么？［M］.陈恒，译.北京：商务印书馆，2007.

[28]〔法〕柏格森.时间与自由意志［M］.吴士栋，译.北京：商务印书馆，1958.

[29]〔法〕吉尔松：中世纪哲学精神［M］.沈青松，译.上海：上海人民出版社，2008.

[30]〔美〕卡尔·贝克尔.启蒙时代哲学家的天城［M］.何兆武，译.南京：江苏教育出版社，2005.

[31]〔英〕卡尔·波普尔.历史主义的贫困［M］.何林，赵平等，译.北京：中国社会科学出版社，1998.

[32]〔德〕尼采.权力意志——重估一切价值的尝试［M］.

张念东，凌素心，译．北京：商务印书馆，1991．

[33]〔英〕格鲁内尔．历史哲学——批判的论文［M］．隗仁莲，译．桂林：广西师范大学出版社，2003．

[34]〔英〕沃尔什．历史哲学导论［M］．何兆武，张文杰，译．北京：北京大学出版社，2008．

[35]〔德〕卡尔·洛维特．世界历史和救赎历史［M］．李秋零，田薇，译．上海：上海人民出版社，2006．

[36]〔美〕阿瑟·赫尔曼．文明衰落论：西方文化悲观主义的形成与演变［M］．张爱平，许先春，蒲国良，等，译．上海：上海人民出版社，2007．

[37]〔德〕本雅明．启迪：本雅明文选［M］．张旭东，王斑，译．北京：生活·读书·新知三联书店，2008．

[38]〔芬兰〕冯·赖特．知识之树［M］．陈波，译．北京：生活·读书·新知三联书店，2003．

[39]〔俄〕别尔嘉耶夫．历史的意义［M］．张雅平，译．上海：学林出版社，2002．

[40] 高清海．哲学的憧憬［M］．长春：吉林人民出版社，1995．

[41] 邓晓芒．康德哲学讲演录［M］．桂林：广西师范大学出版社，2005．

[42] 贺来．边界意识与人的解放［M］．上海：上海人民出版社，2007．

[43] 徐长福：理论思维与工程思维——两种思维方式的僭越与划界［M］．上海：上海人民出版社，2002．

［44］李秋零. 德国这人视野中的历史［M］. 北京：中国人民大学出版社，1994.

［45］姚军毅. 论进步观念［M］. 北京：中国社会科学出版社，2000.

［46］吴国盛. 时间的观念［M］. 北京：北京大学出版社，2006.

［47］李梅. 权利与正义：康德政治哲学研究［M］. 北京：社会科学文献出版社，2000.

［48］单继刚. 作为意识形态的进步话语［M］. 沈阳：沈阳出版社，2000.

［49］J. B. Bury. The Idea of Progress ——An Inquiry into its Origin and Growth［M］. Macmilan and co. Limited London：1920.

［50］Sidney Pollard. The Idea of Progress History and Society［M］. Basic Books, New York：1968.

［51］Robert Nisbet. History of the Idea of Progress［M］. Basic Books, New York：1980.

［52］David Spadafora. The Idea of Progress in Eighteenth——The lives、times, and ideas of the great economic thinkes［M］. A Touchstone Books, New York：1980.

期刊文献

［1］〔美〕G. G. 伊格尔斯. 重新审视历史进步观念［J］. 张文涛，译. 山东社会科学，2009（2）.

［2］〔法〕米歇尔·勒维. 马克思的两种历史进步观：封闭的与

开放的［J］. 思再, 译. 国外理论动态, 2001（4）.

［3］高清海、孙利天. 马克思的哲学观变革及其当代意义［J］. 天津社会科学, 2001（5）.

［4］黄颂杰. 存在主义的时间论评析［J］. 探索与争鸣, 1992（6）.

［5］徐长福. 马克思主义: 从建构性理想到调节性理想——借康德的视角来看［J］. 吉林大学社会科学学报, 2006（1）.

［6］邹诗鹏. 唯物史观对启蒙的超越与转化［J］. 哲学研究, 2008（6）.

［7］纪逗. 历史的辩证意象——本雅明历史哲学思想的现实性［J］. 学术交流, 2008（8）.

［8］何平. 作为历史研究本体论范畴的历史进步观及其内涵［J］. 史学集刊, 2001（4）.

［9］郝永平. 进步观念的理论提升——从理性主义进步观到马克思主义进步观的飞跃［J］. 南开学报, 1997（5）.

［10］吕翔. 黑格尔哲学中的历史进步观［J］. 哲学研究, 2003（6）.

［11］丰子义. 历史进步论研究二题［J］. 现代哲学, 2009（1）.

［12］李勇. 论进步观念在法国的发展［J］. 法国研究, 1998（1）.

［13］H. M. Dadourian. Some Problems of Progress［J］. The Scientific Monthly, 15（4）.

［14］J. P. Simonds. Progress［J］. The Scientific Monthly, 24

(6) .

[15] Robert Wachbroit. Progress：Metaphysical or Otherwise [J]. Philosophy of Science，53 (3) .

[16] G. D. H. Cole. The Idea of Progress [J]. The British Journal of Sociology，4 (3) .